Ernest Wood • Die Sieben Strahlen

Die kosmischen Entwicklungsgesetze

Eine planetarische Typen-Lehre

ERNEST WOOD

DIE SIEBEN STRAHLEN

DIE KOSMISCHEN ENTWICKLUNGSGESETZE

EINE PLANETARISCHE TYPEN-LEHRE

Aquamarin Verlag

Aus dem Englischen übersetzt von Karl Friedrich Hörner

Titel der Originalausgabe:
The Seven Rays

1. Auflage 2004

Voglherd 1 • D-85567 Grafing

Umschlaggestaltung: Annette Wagner

Druck: Ebner & Spiegel • Ulm

ISBN 3-89427-269-4

Inhalt

Vorwort

In der *Geheimlehre* von Helena P. Blavatsky begegnete die moderne Welt zum ersten Mal dem Begriff der „sieben Strahlen". Er war verknüpft mit der Aussage, dass alle Dinge und Wesen in der Welt – alle Formen von Geist und Materie – von Kombinationen der sieben Grundimpulse ausgingen. Weiter hieß es, dass die Substanz oder Basis der ganzen – objektiven und subjektiven – Welt „geistig" sei, was in den Augen praktischer und realistischer Menschen so viel wie „gedanklich nicht fassbar" bedeutet.

Wir wissen, dass das Denken zunächst als Diener des Körpers heranwächst, um später zum Diener der Vergnügungen des menschlichen Geistes zu werden, einschließlich solcher Genüsse wie Verständnis, Zuneigung, dem Gefühl der Macht und der Selbstachtung. Einen dritten Schritt meinen wir, wenn wir sagen, dass es zum Diener des Geistigen wird, wenn es auf die Impulse von „oben" anspricht und ihnen folgt, die keinesfalls aus eigener, früherer Erfahrung geboren oder von ihr gefärbt sind.

Die alten Begriffe „Geist, Seele und Körper" fügen sich sehr gut in diese Sichtweise, wenn wir die Seele als etwas verstehen, das das menschliche Gemüt mit all seinem Denken, Fühlen und Wollen in seiner Fülle umfasst, und uns das Geistige im Menschen als etwas Höheres vorstellen, das sich Begriffen mit Bezug auf Gemüt oder Körper völlig entzieht, für deren Existenz und Interaktion jedoch notwendig ist.

Die Aussage, dass es *sieben Strahlen* oder letzte und bestimmte Elemente des „Lebensimpulses" gebe, mag bestenfalls als großzügige Verallgemeinerung zu verstehen sein. Damit stellt sich die Frage: „Auf welche Weise ist am besten zu ermitteln, ob diese Verallgemeinerung wahr ist oder nicht?“ Die Frage lautet: „Probieren geht stets über Studieren.“ Man achte also darauf – zumindest im menschlichen Leben –, dass es „funktioniert“ oder sich „auszahlt“.

Alle Bereiche der Wissenschaften, die sich mit Tatsachen beschäftigen, die jenseits des direkten Zugriffs unserer Sinne liegen, haben als Theorien angefangen. Im Laufe unseres praktischen Lebens stellen wir solche Theorien auf die Probe. Funktionieren sie ohne Fehl, so akzeptieren wir sie in ihrem jeweiligen Gebiet als wahr und nutzen sie in unserem Leben so umfassend wie möglich. So sollten wir in allen Angelegenheiten verfahren, in kleinen und großen.

Der gleichen Methode gilt es gewiss auch zu folgen, wenn wir mit der Aussage konfrontiert sind, dass es *sieben Strahlen* gebe, oder, wie wir es zuweilen formulieren, *sieben Menschentypen*. Tausende von Menschen, die frühere englische Ausgaben dieses Buches gelesen haben, stellten fest, dass ihnen diese Untersuchung über die Strahlen half, indem sie ihnen im weitesten und umfassendsten Sinne Rat und Geleit in beruflichen und außerberuflichen Fragen bot. Sie vermittelt ein klares Bild vom menschlichen Leben und seinen Problemen und macht damit den Weg frei für die intelligentere Nutzung unserer Fähigkeiten. Es ist nur allzu bekannt, dass das Geschäft des Gehens zur Hälfte im Sehen besteht und nur zur Hälfte aus der Tätigkeit der Beine und Füße. Gleiches gilt in Bezug auf *alles* menschliche Handeln: Eine Hälfte ist Wissen, die anderer Hälfte das Tun. Das Wissen von den Strahlen ist eine Hilfe.

Man hört und liest häufig, dass wir kleine Kreaturen in einer immensen Welt sind. Unser individueller Horizont ist eng. Nur in der Qualität, nicht in der Quantität können wir groß sein. Ist dies nicht allzu offenkundig, wenn man nur einen Augenblick darüber nachdenkt? Befinden wir uns nicht in einer großen „Spielhalle“, ein jeder an einem Tisch oder vor einem Schachbrett sitzend, einmal gewinnend, dann wieder verlierend – materiell verlierend, doch spirituell stets gewinnend, aus den verlorenen wie auch aus den gewonnenen Spielen, vorausgesetzt wir haben uns Mühe gegeben zu gewinnen? So ist es auch eine erfreuliche Wahrheit, dass viel *Quantität* des Lebens von uns nicht erwartet wird – zudem sie in den meisten Fällen eine unerfreuliche Beeinträchtigung des Lebens unserer Mitmenschen bedeuten würde.

Mit solchem Wissen ausgestattet, sind wir in einer Position, in der wir wählen können, welche Spiele wir in diesem Leben bestreiten werden oder in dem, was von ihm noch übrig ist, und sei es nur ein Tag. Mit solcher Zielgerichtetheit im praktischen Leben werden wir schon bald beginnen, Grundgesetze spiritueller Erfahrung zu erkennen, die unsere Kräfte stärken, unser Verständnis erhellen, unsere Liebe rühren und uns die Tür zu einer Zukunft öffnen, die mit der Vergangenheit nicht zu vergleichen ist.

Der Begriff „die sieben Strahlen" betrifft besonders die lebendige Seite unseres Daseins. Hier liegt bekanntlich unser Licht – selbst wenn es ein Dunkel ist im Vergleich zu dem, was noch vor uns liegt. Unser Bewusstsein ist zu jeder Zeit viel wichtiger als unsere Lebensumstände. Es spielt keine sehr große Rolle, ob wir mit goldenen Bällen oder mit Flusskieseln jonglieren. Doch der Zustand unseres Bewusstseins ist von entscheidender Bedeutung. Man sagt wohl: „Ich liebe Apfelkuchen oder Mangos", doch was man wirklich genießt, ist nicht der Kuchen oder die Frucht, es ist nicht einmal der Geschmack des Kuchens oder der Mango, sondern das *Bewusstsein* vom Geschmack des Kuchens oder der Mango.

Freilich und natürlich sind Apfelkuchen und Mangos – ja alle materiellen Dinge und Sinneswahrnehmungen – sehr wichtig, und eine objektive Welt, die uns stets vor Probleme stellt, die sich stets in gewissem Maße unserem Verlangen, Denken und Wollen widersetzt, ist notwendig für die Art von Bewusstsein, derer wir uns gerade erfreuen, eingetaucht in die dreifache Erfahrung des menschlichen Geistes. Wir erwarten etwas mehr, und es wird gewiss kommen, aber der Weg dorthin führt über die Erfüllung, nicht durch irgendeine Art von Selbstmord, ob physisch, emotionell oder mental.

In dieser Studie wird die Bedeutung von kleinen Dingen sehr deutlich. „Mache es gut", wird zum Leitspruch, selbst wenn es nur um das Aufheben einer Nadel oder das Ablegen eines Bleistifts geht. Und selbst dann bedeutet es nicht: „Mache es gut als Mittel zum Zweck", sondern als ein Entzücken an sich, welches man bald entdeckt, sobald man aufgehört hat, bloß als Mittel zum Zweck zu handeln, und statt dessen echte Wertschätzung auf den gegenwärtigen Augenblick richtet, welches die eigentlich zu erfüllende Handlung ist. Ich erinnere mich in diesem Zusammenhang an ein kurzes Gedicht von Emerson mit dem Titel „Heri, cras, hodie"[1]:

Glänzt die vergangene Zeit, wird schon
die nächste ersehnt,
unbemerkt stiehlt sich das Jetzt zwischen
den beiden davon.
Was wird und was war –
es birgt kein größ'res Geheimnis,
als du, freundloses Heute,
in deinem Herzen umschließt.

Jeder tiefere Beweggrund kann den Augenblick beeinträchtigen und die Entdeckung verhindern.

„Wenn es sieben Strahlen oder Typen gibt und jeder von uns sozusagen insbesondere zu einem von ihnen gehört, der seines Lebens Lauf entsprechend lenkt – entsteht dann nicht eine Tendenz zu Enge oder Überspezialisierung?" Diese Frage wird häufig gestellt. Die Antwort lautet: „Nicht, wenn wir die Situation verstehen." Alle sieben Strahlen sind jederzeit und in jedermann vorhanden, doch in jeder Person ist einer der Strahlen dominierend, so wie der Spielführer

[1] lat. „Gestern, morgen, heute" (Anm.d.Ü.)

einer Mannschaft oder der Vorsitzende eines Vorstands. Die übrigen sechs scharen sich um ihn und gebrauchen ihre eigenen spezifischen Talente, um zur Erfüllung seines Zieles beizutragen. Ein Vergleich mit der Hochschul-Ausbildung mag uns helfen, dies zu verstehen. Ihr Ideal ist, wie ich glaube, etwa die Hälfte der Zeit der speziellen Studienrichtung des Lernenden zu widmen und die andere Hälfte auf eine Vielfalt von Themen und Fächern zu verteilen, um so eine Allgemeinbildung zu gewährleisten.

Es ist eines Menschen eigener Strahl, der bestimmt, welches Thema sein Leben prägt, wo sein Glück liegt und welches der Schlüssel zu seinen Entscheidungen ist. Wie groß ist bereits der Unterschied zwischen den Freuden und Leben einer Katze und denen eines Hundes! Gleiches gilt auch für unterschiedliche Menschenwesen. Wir haben Freude an unterschiedlichen Gütern und Formen des Guten. In den Strahlenimpulsen, sei hier bemerkt, liegt nur Gutes.

Es liegt in der Natur von uns Menschen, auf gute Dinge anzusprechen. Wir sind zum Guten geboren, wie Funken, die stets nach oben steigen. Aus diesem Grunde können wir bei allen Menschen feststellen, dass sie *auf irgendeine Art* auf das Gute ansprechen. Kommt es trotzdem zuweilen zu einer Verachtung des Guten, so widerspricht dies nicht der allgemeinen Regel, denn die Person, die solches Verhalten zeigt, tut dies nur aufgrund des Missverständnisses, es widerspreche einer anderen Art des Guten, welchem sie ergeben ist. So erfreuen sich Kinder an den Leistungen von Übeltätern, wie sie in manchen der so genannten Comics gezeigt werden. In ihnen finden sie eine Mannhaftigkeit, der sie unbewusst zustreben. Am Ende dient alles dem gleichen Ziel und Zweck. Im Spott über die gegenteiligen Qualitäten und die „Waschlappen" erkennt man, dass es großer Freiheit des Geistes, des Mutes und der Mannhaftigkeit bedarf, um einer von ihnen zu sein.

Der Leser wird bemerkt haben, dass ich gelegentlich anstatt „Strahlen" das Word „Typen" verwendet habe. Die

Strahlen jedoch erscheinen als Typen oder Klassen, so dass es durchaus angebracht ist, von *sieben Menschentypen* zu sprechen. Gleichwohl wäre es nicht korrekt, eine Person als Vertreter ihres Typs oder Strahls zu betrachten, solange sie nicht für diesen steht. Viele Menschen sind angesichts der Umstände ihres Lebens sehr passiv oder negativ. Eine Studie ihrer Verfassung zeigt, dass sie lediglich an der Verfolgung von körperlichem Vergnügen oder der Vermeidung möglicher körperlicher Pein interessiert sind. In diesem Fall mag man von einer elementaren oder kindlichen Stufe eines Menschenwesens sprechen, gleichgültig welches das tatsächliche Alter seines Körpers ist.

Die Angehörigen der anderen Gruppe widmen sich mehr ihrem mentalen oder emotionellen Vergnügen – dem Erwerb von Wissen oder einem Gegenstand ihrer Zuneigung oder der Macht auf irgendwelchem Gebiet, die sich in den Bereichen Politik, Handel, Kunst, Religion etc. äußert. Diese Personen zeigen Initiative. Wenn ein gewisses Maß solcher menschlicher Initiative vorliegt, ist der vorherrschende Strahl oder Typ mit größter Deutlichkeit zu erkennen.

Um aus einem Wissen über die Strahlen höchsten Nutzen zu ziehen, sollte man es insbesondere auf seine eigenen materiellen und psychologischen Probleme im Leben anwenden. Natürlich ist auch ein akademisches Interesse an dem Thema nützlich; nur zu gerne sähe man dieses Wissen in die psychologischen Studien an Schulen und Universitäten aufgenommen. Doch wenn das Thema nicht nur mental betrachtet, sondern auch praktisch angewandt wird, ist der Gewinn ein größerer, denn es handelt von den Gefühlen, dem Willen und auch dem Denken. Man glaube aber nicht, dass die Anwendung von Wissen den Zweck verfolge, das Vergnügen des Stolzes auf persönliche Leistung oder Größe zu fördern. Das Ziel ist viel praktischer und spürbarer: Es gilt, vernünftig zu leben statt als Plünderer, harmonische Beziehungen zu den Dingen und Wesen in der Welt zu pflegen und seinen eigenen, richtigen Weg im Leben zu beschreiten.

H. P. Blavatskys Lehrer, so ließ sie uns wissen, waren Orientalen, durchdrungen von buddhistischen und brahminischen Lehren und vertraut mit ihren Schriften und Übungen. Deshalb übernahm sie ihre Terminologie, und ich habe in diesem Buch das Gleiche getan. Auch in der vorliegenden revidierten Fassung habe ich keinen Grund gesehen, von diesem Kurs abzuweichen – wohl wissend, dass die Prinzipien und Fakten des Lebens in allen Teilen der Welt die gleichen sind, und in der Gewissheit, dass jene Leser am wahrscheinlichsten von dieser Arbeit profitieren werden, die frei sind von Vorurteilen des Glaubens und der Rasse und sich mehr für das Thema selbst interessieren als für die Personen, die es darstellen oder die Formen, in die es gekleidet erscheint.

Ernest Wood

Teil I
Der Ursprung der Strahlen

Es gibt sieben Kräfte im Menschen und in der ganzen Natur. Die wirkliche Substanz der verborgenen [Sonne] ist ein Kern von Mutter-Substanz. Sie ist das Herz und die Matrix aller lebendigen und existierenden Kräfte in unserem Sonnensystem. Sie ist der Kern, aus dem sich alle Kräfte auf ihre zyklischen Reisen ausbreiten, die die Atome in Tätigkeit setzen, in Erfüllung ihrer Aufgabe, und der Brennpunkt, in dem sie in ihrer siebenten Wesenheit jedes elfte Jahr wieder zusammentreffen. Wenn dir einer sagt, dass er die Sonne gesehen habe, so lache über ihn, als ob er gesagt hätte, dass die Sonne ihren täglichen Weg wirklich zurücklegt. ...

Aufgrund ihrer siebenfältigen Natur sprachen die Alten von der Sonne als von einem Wesen, das mit sieben Pferden, die den Metren der Veden gleichen, dahinfahre; oder wiederum, dass sie, wenn sie auch mit den sieben Gana [Klassen von Wesen] in ihrem Kreise identifiziert wird, dennoch von diesen verschieden ist, wie sie es auch tatsächlich ist; sowie auch, dass sie sieben Strahlen hat, wie es in der Tat der Fall ist ...

Die sieben Wesen in der Sonne sind die sieben Heiligen, selbstgeboren aus der innewohnenden Kraft in der Matrix der Muttersubstanz. Sie sind es, die die sieben ursprünglichen Kräfte – Strahlen genannt – aussenden, die beim Beginne des Pralaya die Zentren von sieben neuen Sonnen für das nächste Manvantara bilden werden. Die Energie, aus der sie zu bewusstem Dasein in jeder Sonne entspringen, ist das, was einige Vishnu nennen: der Atem des Absoluten.

„Okkulte Aphorismen“, zitiert in
Die Geheimlehre, Bd.1

Kapitel 1

Der Lichtpfeiler

Beim Schreiben dieses Buches und der Darlegung – wie ich hoffe – klarer Vorstellungen über die Strahlen scheint es mir nicht möglich, gewisse Aussagen zu vermeiden, die eher abstrakter Natur sind, und zuvörderst eine Aussage über die Universalität von Gott oder Brahman, den manche sich als weit entfernt auf einer hohen Ebene irgendwo jenseits unseres Blickfeldes lebend vorstellen. Tatsache jedoch ist, dass das *Satchitânanda Brahman*[2] hier und jetzt existiert, vor uns und bei uns jeden Tag. Analysieren Sie die ganze Welt Ihres Erlebens und Sie werden feststellen, dass sie aus drei Teilen besteht: Da ist zuerst eine große Masse von Objekten aller Art, welche auf irgendeiner Ebene materiell sind, wie hoch diese auch sei; zweitens gibt es eine gewaltige Zahl von Lebewesen mit Bewusstsein, das in unterschiedlichen Graden entfaltet ist, und drittens sind da Sie selbst. Der erste dieser drei Aspekte ist *sat* (Existenz), der zweite ist *chit* (Bewusstsein) und das dritte ist *ânanda* (Seligkeit), das wahre Selbst. Der „Lebenswille" ist der Wille, diese Seligkeit zu erfahren.

Dies wird besser zu verstehen sein, wenn wir uns an die Geschichte von dem großen Lichtpfeiler erinnern. Das große Wesen Nârâyana, Vishnu, Seele und Leben des Universums, tausendäugig und allwissend, lehnte sich auf seiner Liege zurück, auf dem Körper der großen Schlange Sesha oder Ananta (Ende der Zeit), welche auf den Wassern des

[2] Das Wort *Brahman*, grammatikalisch ein Neutrum, bezieht sich auf die ganze Trinität Shiva, Vishnu und Brahmâ, während *Brahmâ*, ein Maskulinum, der dritte Aspekt dieser Dreiheit ist.

Raumes aufgerollt lag, denn es war die Nacht des Seins. Dann kam Brahmâ, der große Schöpfer des Seins *(sat)* zu ihm, berührte ihn mit der Hand und fragte: „Wer bist du?" Da entstand ein Streit zwischen den beiden darüber, wer der größere sei, und als dieser Streit andauerte und heftig zu werden drohte, erschien vor ihnen ein großer Pfeiler aus Feuer und Licht, unvergleichlich und unbeschreiblich, der die Streitenden so sehr in Erstaunen versetzte, dass sie ihre Auseinandersetzung vergaßen und sich einigten, nach dem Ende dieses wunderbaren Dinges zu suchen. Vishnu stürzte sich tausend Jahre weit in die Tiefe hinab, doch er konnte seinen Ursprung nicht finden, und Brahmâ flog tausend Jahre weit empor, doch er konnte seine Spitze nicht finden, und so kehrten beide verblüfft zurück. Da stellte sich Shiva, dessen Natur *ânanda* ist, vor sie hin und erklärte, dass sie beide eins waren in ihm, ihrem höchsten Herrn, dem Pfeiler des Lichtes, der drei in einem war. In dem kommenden Zeitalter werde Brahmâ von Vishnu geboren, und Vishnu solle für ihn sorgen, bis beide am Ende des Zeitalters ihren Oberherrn wiedersehen sollten.

Die Menschen meinen manchmal, dass sie Gott finden können, indem sie nach oben steigen; die Wahrheit aber ist, dass sie Sein Ende selbst dann nicht finden würden, wenn sie in die Tiefe hinabstiegen, unter ihren derzeitigen Zustand, und tausend Jahre lang suchten. Dies bedeutet nicht, dass Er hier ist, für uns jedoch unsichtbar und unbekannt. Vielmehr ist Er hier, sichtbar und bekannt, denn die Welt, die wir mit unseren Augen sehen, ist Sein *sat,* und das Bewusstsein, durch das wir an ihr teilhaben, ist Sein *chit,* und das Selbst, das wir nicht anders denn als unser eigenes Sein bestätigen können, ist Sein *ânanda*. Jeder von uns ist in diesem Pfeiler des Lichtes, ganz gleich wo er im Raum des Daseins gehen, stehen oder in der Zeit des Bewusstseins beschäftigt sein mag.

Kein Mensch wird diesen drei Qualitäten jemals entkommen: Er kann nicht sagen: „Ich bin nicht." Er kann auch nicht sagen: „Ich bin bewusstlos." Ebensowenig kann er schließlich vermeiden, sein Wissen auf die äußere Welt des Seins zu stützen. Auch wenn es Millionen von Welten innerhalb von Welten und Wesen geben mag, sind *sat, chit,* und *ânanda* überall vorhanden – und überall in einem. Die Dinge, die wir sehen, berühren, schmecken, riechen und hören, sind *sat,* wahres Sein, und im Bereich des Seins wird sich kein Mensch jemals dem entziehen können, worauf sich alle stützen – die Wahrnehmungen ihrer Sinne –, auch wenn seine Hellsichtigkeit über alle möglichen Stufen und Ebenen den Pfeiler des Lichtes hinauf reichen mag.

Gott, das Universum, das *Satchitânanda Brahman,* besteht nicht aus drei Wirklichkeiten *sat, chit* und *ânanda,* die zusammengesetzt sind, sondern Es[3] breitet sich in Raum und Zeit aus – in das, was wir Manifestation nennen –, wo dann die Qualitäten von *sat* und *chit* aktiv werden inmitten der geheimnisvollen zyklischen Veränderungen im Leben des ewigen Überwesens.

Wir selbst befinden uns in einer dualen Welt von Materie und Bewusstsein, den großen passiven und aktiven Prinzipien. Im siebten Gesang der *Bhagavad-Gita* spricht Krishna: „Erde, Wasser, Feuer, Luft, Äther, *manas, buddhi* und *ahamkâra*[4] – dies sind die acht Aspekte meiner Manifestation." Das letzte Wort ist *prakriti,* das einmal als „Materie", einmal als „Natur" übersetzt wird, doch Manifestation drückt seinen Sinn aus, da das Wort von *kri* kommt, das heißt „tun, machen", die Präposition *pra* bedeutet „hin". Es mag manchen Lesern seltsam erscheinen, dass diese acht Manifestationen in einem Atemzug genannt werden, als gehörten sie einer gemeinsamen Kategorie an, um dann im nächsten Vers als „meine niedere Manifestation" bezeichnet zu werden. Dafür gibt es jedoch einen guten Grund, denn sie bilden eine

[3] Wir brauchen hier ein neues Pronomen. Schon lange empfand man die Notwendigkeit eines Wortes, das „er" und „sie" umfasste, und doch eine Singularform ist; hier aber wünschten wir eines, das auch „es" einschließt.

[4] Geistprinzip – Intuition – Ichbewusstsein, Egoismus (Anm.d.Ü.)

Kategorie, wenngleich sie innerhalb dieser Kategorie zwei Gruppen zugehören, bestehend aus den ersten fünf bzw. den letzten drei Aspekten. Die ersten fünf Begriffe bezeichnen die fünf Ebenen der menschlichen Evolution – Erde ist die physische Ebene, Wasser die astrale, Feuer die mentale, Luft die buddhische und Äther die atmische oder nirvanische. Das Sanskrit-Wort, das hier als Äther übersetzt wurde, ist *âkâsha,* und gilt hier als die Wurzelmaterie der fünf fraglichen Ebenen. In unserem Zusammenhang müssen diese fünf Ebenen als eins, als eine Welt betrachtet werden, deren Materie fünf Stufen oder Grade der Verdichtung aufweist. Die Abstufungen, die diese Grade der Verdichtung bedeuten, müssen wir nicht beachten, sondern uns das Ganze als eine Welt denken, die sich unmerklich zunehmend verdichtet, vom höchsten bis zu ihrem tiefsten Punkt.

Die verbleibenden drei Unterteilungen von „meine Manifestation" sind *manas, buddhi* und *ahamkâra.* Hier begegnen wir der den Theosophen vertrauten Dreiheit *âtma-buddhi-manas,* den drei Fähigkeiten oder Kräften des Bewusstseins. *Ahamkâra* bedeutet buchstäblich „Ich-machend" und stimmt mit dem theosophischen Begriff *âtman* überein. *Manas* ist die Fähigkeit, mit der das Bewusstsein den materiellen Aspekt der Welt erkennt; *buddhi* ist das, mit dem es anderen Bewusstseinsformen innerhalb jener Welt gewahr wird, und *ahamkâra* oder *âtmâ* ist das, mit dem es diese Erfahrungen individualisiert und so für jeden von uns „*meine* Welt" und „*mein* Bewusstsein" formt. Letztere Fähigkeit kennt das eine Ich, das sich jedoch in tausend oder einer Million anscheinender Ichs manifestiert.

Als Krishna Bewusstsein und Materie der gleichen Kategorie zuordnet, deutet er nicht an, dass Bewusstsein der Materie in irgendeiner Hinsicht übergeordnet oder überlegen sei. Wir sollen nicht denken, dass Bewusstsein in einer fünffältigen Welt von irgendwo oberhalb dieser Welt manifestiert wird; Materie und Bewusstsein sind gleichwertige Partner, zwei Aspekte der einen Manifestation. Leben oder Bewusstsein manifestieren sich nicht „von weiter oben aus" und mit unterschiedlicher Kraft in der materiellen Welt. Die Welt ist ebenso sehr eine Welt des Lebens wie der Materie; beide Aspekte sind zusammen gemischt und insgesamt in gleichen Anteilen.

Um dies leichter zu verstehen, bedenken Sie Folgendes: Auf der physischen Stufe scheinen wir uns in einer Welt der Materie zu befinden. Die Materie ist so offensichtlich, so unerkennbar, so dominierend und allgegenwärtig, dass wir einige Schwierigkeit haben, auf dieser Ebene überhaupt die Existenz irgendwelchen Lebens zu erkennen, und selbst dann finden wir nur Funken oder Punkte des Lebens, verkörpert in Menschen, Tieren und anderen Wesen. Allem Anschein nach handelt es sich um eine große Welt aus Materie, in der sich nur punktuell ein wenig Leben verkörpert. Betreten wir die astrale Ebene, stellen wir einen Unterschied fest: Hier ist die Materie etwas weniger dominierend und das Leben ein wenig deutlicher; die Kräfte des Bewusstseins sind einflussreicher und die Grenzen der Materie weniger starr, hinderlich und beständig. Auf der nächsten Stufe, der niederen mentalen, ist das Leben noch einen Grad deutlicher wahrzunehmen, und Materie noch etwas weniger dominant. Die drei Ebenen – die physische, die astrale und die niedere mentale – bilden also einen Bereich, in dem wir mehr Materie als Leben wahrnehmen können.

Betrachten Sie nun die höchste der fünf Ebenen; hier sind die Gegebenheiten im Vergleich zu jenen in der physischen Welt gerade umgekehrt. Wir treffen auf ein großes Meer von Bewusstseinskräften. Materie zu finden, ist hier ebenso schwierig wie Bewusstsein auf der physischen Ebene auszumachen. Auf ähnliche Weise kann man von der buddhischen Ebene sagen, dass sie im Vergleich zur astralen Ebene umgekehrte Bedingungen bietet, die höhere mentale wiederum umgekehrte Verhältnisse im Vergleich zur niederen mentalen.

Nehmen wir einmal an, dass ein Besucher von einem anderen Seinszustand kommt und unser fünffältiges Reich der

Manifestation betritt. Käme er zufällig auf der physischen Ebene an, würde er diese als eine Welt der Materie beschreiben, in der es nur punktuell Leben und Spuren von Bewusstsein gibt; lernte er sie aber auf der höchsten Stufe kennen, könnte er von einer Welt des Bewusstseins berichten, in dem es Spuren von Materie gibt.

Diese Gegebenheiten und Prinzipien veranschaulicht folgende Grafik:

<table>
<tr><td colspan="3">GOTT DAS UNIVERSUM</td></tr>
<tr><td>Brahma: sat
(Die Welt der Dinge: Erde, Wasser, Feuer, Luft, Äther)</td><td>Vishnu: chit
(Die Welt des Bewusstseins: âtma, buddhi, manas)</td><td>Shiva: ânanda
(Das Selbst, echtes Leben)</td></tr>
<tr><td colspan="3">DIE SIEBEN PRINZIPIEN</td></tr>
<tr><td>Tamas (Materie) 7
Rajas (Naturenergie) 6
Sattva (Naturgesetz) 5</td><td>Kriyâ (manas) 3
Jnâna (buddhi) 2
Ichchhâ (âtma) 1</td><td>vertreten durch Mâyâ 4</td></tr>
</table>

Kapitel 2

Bewusstsein

In theosophischen Büchern werden die Begriffe *ichchhâ, jnâna* und *kriyâ* verwendet, um die drei wesentlichen Bestandteile des Bewusstseins zu bezeichnen. Diese Wörter werden gewöhnlich und recht genau übersetzt als Wille, Weisheit und Aktivität; die Bedeutung dieser Übersetzungen wird aber in unserem Zusammenhang *nicht* verstanden, solange nicht klar ist, dass sie sich auf Bewusstseinszustände und nichts anderes beziehen.

Die drei Bewusstseinszustände verbinden ihren „Besitzer" mit den drei großen Welten – *ichchhâ* oder den Willen mit dem Selbst, *jnâna* oder die Weisheit mit der Welt des Bewusstseins und *kriyâ* oder die Aktivität mit der Welt der Dinge oder des Seins. Deshalb ist *jnâna* die eigentliche Essenz des Bewusstseins.

Wenn wir die Reich- und Tragweite dieser drei Bewusstseinszustände betrachten, beginnen wir zu erkennen, wie unzulänglich ihre deutschen Übersetzungen sind, welche unsere Aufmerksamkeit vor allem auf ihren positiven oder nach außen wirkenden Aspekt lenken. Bewusstsein umfasst jedoch stets zwei Aspekte; es ist empfänglich oder gewahr sowie aktiv und beeinflussend, mit anderen Worten, es besitzt Fähigkeiten und Kräfte. Jeder seiner drei Zustände ist sowohl eine Fähigkeit als auch eine Kraft.

Ichchhâ ist unser Bewusstsein von uns selbst, als Kraft ist es Willen. *Jnâna* ist unser Bewusstsein von anderen, als Kraft ist es Liebe; *kriyâ* schließlich ist unser Bewusstsein von Dingen, und als Kraft ist es Denken.

Bewusstsein kann niemals auf irgendeiner Ebene mittels irgendeiner Art von Hellsichtigkeit gesehen werden; nur Sein ist sichtbar. Doch jedes bewusste Wesen kann Bewusstsein erfahren. Wie glänzend auch immer inmitten der Relativität der Dinge der Seins-Aspekt eines *jivâtmâ* oder lebenden Selbst auf den höheren Ebenen sein mag, gehört er doch immer noch zu der Welt der Dinge *(sat)*. Zudem ist Bewusstsein zu keiner Zeit oder auf irgendeiner Ebene den Begrenzungen des *sat* unterworfen; mit anderen Worten braucht Bewusstsein, um von einem Ort zu einem anderen zu gelangen, keinen dazwischen liegenden Raum zu durchqueren. Bewusstsein durchquert nur Zeit. Wenn ich Sie zum Beispiel auffordere, von einem Ort zum anderen zu gehen, und Sie danach frage: „Was haben Sie getan? Haben Sie sich bewegt?", dann sollte ich die Antwort erwarten: „Nein, ich habe mich nicht bewegt." Wenn ich nun weiter in Sie dringe und frage: „Was haben Sie dann getan?", sollte die Antwort lauten: „Ich habe gedacht; ich habe die Bewegung des Körpers wahrgenommen."

Nur durch Schlussfolgern aus der Beobachtung durch die Sinne erfahren die Menschen Position und Bewegung ihres eigenen Körpers. Wenn Sie in einem Schlafwagen unterwegs sind und schlafen, während der Zug ruhig und ruckfrei fährt, können Sie nicht sagen, ob Sie mit dem Kopf oder mit den Füßen voraus fahren. Wenn Sie aber die Jalousie öffnen und die Lichter und Schatten draußen vorüberjagen sehen, schließen Sie aus der Bewegung Ihrer Eindrücke, dass Sie mit dem Kopf voraus fahren und ergänzen Ihrem Körper die vermutlichen Sinneswahrnehmungen der Fortbewegung in die jeweilige Richtung.

Wenn wir diese Freiheit von räumlichen Begrenzungen, derer sich das Bewusstsein des Menschen erfreut, verstehen und uns vor Augen halten, können wir zu präzisen Vorstellungen der Natur von Willen, Weisheit und Aktivität als Bewusstseinsqualitäten gelangen.

CHIT ODER BEWUSSTSEIN		
Form	Gewahrsein von:	wirkt als:
Ichchhâ	sich selbst	Willenskraft
Jnâna	anderen	Liebeskraft
Kriyâ	Dingen oder Gegenständen	Gedankenkraft

Wenn Menschen von Gott sprechen, dann denken sie in der Regel nicht an den universellen Gott, von dem ich gesprochen habe, sondern stellen sich Einen vor, der das höchste Bewusstsein unseres Sonnensystems ist. Er ist *ein* Bewusstsein, an dem wir alle teilhaben – nicht ein Bewusstsein, das unter uns aufgeteilt ist, sondern eines, das wir mit Ihm gemeinsam haben. Dieses große Bewusstsein, das von den Theosophen als Solarer Logos bezeichnet wird, zeigt die drei Kräfte Willen, Weisheit und Aktivität. Er ist dem Wesen nach Vishnu, doch Sein Willen setzt Ihn in Verbindung mit Shiva, Seine Aktivität mit Brahmâ. Diese Aspekte jenes Vishnu wurden analog auch Shiva, Vishnu und Brahmâ genannt. Obgleich diese Personifizierungen irreführend sind, erwähne ich sie, weil ich die Geschichte von der Schöpfung Seiner Welt durch Vishnu erzählen möchte.

Zuallererst wurde Brahmâ ausgesandt, um die schöpferische Kraft oder göttliche Aktivität auszuüben. Für das Verständnis des Menschen heißt es in den Büchern, dass Er Sein Werk verrichtete, indem Er in Meditation saß, und als Er so meditierte, nahmen die Welten unter der Kraft Seines Denkens Gestalt an. Solcherart war seine *Aktivität.* Dann trat Vishnu in die materielle Welt und erfüllte sie mit Leben, und Shiva schließlich beschenkte sie mit Seiner Kraft, die das Selbst ist, das da war als sein transzendentes Wesen.

Der wahre Brahmâ ist außerhalb des Bewusstseins, doch dieser Brahmâ ist es nicht, sondern ist nur eine Personifizierung des *kriyâ* (der Schöpferkraft) unseres Solaren Logos. Ich erzähle die Geschichte nur, um zu zeigen, dass die schöpferische Tätigkeit nicht ein Tun mit Händen und Füßen im Raum war, sondern das, was wir Denken nennen. Die Materie des Raumes in der Welt des *sat* wird durch die Kraft von *kriyâ* berührt und nimmt unter dessen Einfluss Gestalt an.

<table>
<tr><th colspan="3">UNIVERSELLER GOTT</th></tr>
<tr><td>Brahmâ
(Sein)</td><td>Vishnu
(Bewusstsein)</td><td>Shiva
(Glück)</td></tr>
<tr><td rowspan="2"></td><td>Solarer Logos</td><td rowspan="2"></td></tr>
<tr><td>Sekundärer Shiva (solares Ichchhâ)
Sekundärer Brahmâ (solares Kriyâ)
Sekundärer Vishnu (solares Inâna)</td></tr>
</table>

Kapitel 3
Gedankenkraft

Was über die drei Bewusstseinskräfte Vishnus zu sagen ist, gilt auch für die jedes Menschenwesens, denn alle unsere Kräfte sind Teil jenes großen Bewusstseins – so wie die Materialien unseres Körpers mit ihren Eigenschaften aus dem großen Meer des materiellen Seins genommen sind. Es ist das *Denken* in jeder Person, das deren *Aktivität* als *Mensch* ausmacht. Diese Denkaktivität ist zweifacher Art, sowohl beim universellen als auch beim offenkundig individuellen Sein.

1. Eine Denkaktivität ist festzustellen in der Fähigkeit zur Unterscheidung, die hinter aller Wahrnehmung steht. Kein Mensch nimmt passiv wahr. So etwas wie ein passives Empfangen von Veränderungen im Bewusstsein gibt es nicht; alle Wahrnehmung ist eher von der Art eines Hinausschauens aus einem Fenster, um zu sehen, was vorüberzieht. Niemals werden die Dinge der Welt in das Bewusstsein des Menschen hereinbrechen. Doch wenn das Bewusstsein aktiv ist, öffnet es sich für die Wahrnehmung von Dingen, und damit hat es, was wir – wenn auch nur mit großer Vorsicht – möglicherweise einen passiven Aspekt nennen dürfen.

2. Das Denken agiert auch auf eine positive Weise, indem jeder Gedanke jene Macht über Dinge in sich trägt, die das Denken des solaren Brahmâ schon im Anbeginn ausgeübt hat. Diese Tatsache über die Aktivität des Bewusstseins im Unterschied zur Aktion von Materie löst das Problem von Aktion und Nichtaktion, welches so viele beschäftigt, die sich mit der *Bhagavad-Gita* auseinandersetzen.

In der westlichen Welt besteht eine schreckliche Verwirrung über das Verhältnis zwischen Willen und Begehren, und es wird viel darüber diskutiert, welches von beiden den Körper bewegt und damit dessen Agieren in der Welt bewirkt. Die Antwort auf diese Frage ist, dass weder Willen noch Begehren direkt den Körper bewegen. Denken oder *kriyâ* ist die einzige Kraft, die auf Dinge einwirkt, und es ist *kriyâ-shakti,* Gedankenkraft, mit welcher der Körper erbaut wurde und mit der alle seine Aktivitäten ausgeführt werden, die keine Reflexe sind. Um dies zu illustrieren, sollten Sie beobachten, dass Sie jedes Mal, wenn Sie Ihren Bleistift vom Tisch aufnehmen, Sie dies durch Gedankenkraft tun. Zuschauer mögen sagen, dass sie sahen, wie Sie den Bleistift mit der Hand aufgenommen haben, doch es war der Gedanke, der die Hand hob. Eine Ahnung von dieser Wahrheit führte Monsieur Émile Coué in die europäische Psychologie mit seiner Theorie ein, dass bei jeglichem Konflikt zwischen Willen und Denken[5] im Menschen stets das Denken am Ende obsiegt. Das finden wir bestätigt, wenn wir uns erinnern, dass wir Ergebnisse als „Aktion in der Welt" verstehen und auch, wenn wir uns die Mühe machen, darauf zu achten, dass der Begriff Wille in der Aussage falsch verwendet wird. Die Theorie ist wahr, doch ihre Formulierung ist etwas schwerfällig.

[5] Es wurde darauf hingewiesen, dass das Wort Imagination in diesem Zusammenhang häufig gebraucht wird. Wenn es so verwendet wird, bedeutet es jedoch ein Bild im Gemüt – das heißt, einen Gestalt annehmenden Gedanken, einen Trittstein im Prozess des Denkens. Denken ist wie gehen: Sie senken einen Fuß und setzen ihn auf den Boden. Dann schwingen Sie Ihren Körper nach, wobei die Kräfte Ihres Körpers über diesen Fuß auf die Erde einwirken. Am Ende der Bewegung setzen Sie den anderen Fuß auf, entlasten dann den ersten und balancieren dabei den Körper in seiner Bewegung über den neuen Drehpunkt. So wechseln sich auch Übergang und Balance im Denken ab. Das Gedankenbild ist ein Balancepunkt – ein Gedanke oder eine Vorstellung; der Übergang von ihm zum nächsten ist das Denken, wenn der Vorgang logisch ist. Wie sich der Imaginationsprozess vom Denkprozess unterscheidet, wird in Kapitel 14 erklärt. Es muss unterschieden werden zwischen Imagination als einem Prozess und der Erzeugung und Kraft gedanklicher Bilder.

Viele Illustrationen können die Vorstellung lebhaft und eindrucksvoll machen. Eine der besten ist die Erfahrung eines gewissen Autohändlers in Los Angeles, der seinen Kunden beizubringen pflegte, wie die bei ihm erworbenen Fahrzeuge handzuhaben waren. Da gab es einen Herrn, der einen Wagen gekauft hatte und fahren lernte, doch blieb ihm der Erfolg dabei lange Zeit versagt, und zwar aufgrund der fatalen Anziehungskraft von Telegraphenmasten, welche unter solchen Umständen nichts Ungewöhnliches ist. Jener Herr pflegte sich früh am Morgen aufzumachen, wenn noch niemand unterwegs war auf der besten Straße, die er finden konnte. Er kam des Weges, fuhr seinen Wagen auf die vorsichtige und unsichere Weise des Anfängers, den Blick auf die Straße fixiert, und für geraume Zeit in seliger Ignoranz bezüglich der Existenz von Telegraphenmasten. Früher oder später jedoch wurde er eines solchen gewahr, vielleicht als er sich gerade einer Kurve näherte, und er dachte bei sich: „Hoffentlich werde ich nicht gegen diesen Masten fahren. Das darf mir wirklich nicht passieren", und während er diesen Wunsch wiederholte, nahm der Gedanke an den Telegraphenmasten in seinem Gemüt immer größeren Raum ein, bis er seine Imagination gänzlich beherrschte und wenig oder gar keinen Platz mehr ließ für den Gedanken an die Straße. Schließlich wurde die Macht des Denkens offenkundig, denn genau der Gegenstand, der seine Imagination erfüllte und sein Gemüt beschäftigte, bestimmte sein Handeln, obwohl der Fahrer inbrünstig wünschte, nicht gegen den Masten zu fahren. Seine Hände, ohnehin etwas unsicher, verkrampften sich fest um das Lenkrad, und er steuerte mit der Präzision eines Könners geradewegs auf den gefürchteten Telegraphenmast zu. Es war sein Glück, dass er den Fahrlehrer an seiner Seite hatte, denn es ist fraglich, ob er bei allen solchen Gelegenheiten die Geistesgegenwart aufgebracht hätte, seinen Wagen zum Halten zu bringen, bevor dieser die Straße verließ.

Die Macht, die ein festes und klares mentales Bild über den Körper besitzt, wird in diesem Beispiel deutlich gezeigt.

Sie kann bewusst genutzt werden, um die körperliche Gesundheit wiederherzustellen oder zu helfen, sie zu bewahren, wie Monsieur Coué behauptet. Darüber hinaus ist sie ständig und auf viele andere Weisen am Wirken, von denen der Mensch gewöhnlich keine Notiz nimmt. Clarence Underwood, der bekannte amerikanische Gebrauchsgrafiker, der für eine wohlbekannte Seifenmarke die „Schulmädchenantlitz"-Bilder malte, erzählte einmal, wie Gedankenkraft die Züge und Gestalt seiner kleinen Tochter formte: „Vor vielen Jahren hörte ich plötzlich auf, die blonde Frau zu malen, die meine Arbeit beherrscht hatte, und begann ein Mädchen zu zeichnen. Die Menschen fragten mich, wer sie sei, und ich konnte es ihnen wirklich nicht sagen. Sie war gewiss nicht das Modell, mit dem ich damals arbeitete, noch irgendeine Kombination von mehreren Modellen. Sie war sie selbst – und jedenfalls für mich ein idealisierter Typ. Valerie, meine kleine Tochter, war damals sechs Jahre alt, und sie liebte jenes dunkle Mädchen sehr. Sie pflegte ins Atelier zu kommen, stand hinter meinem Stuhl und beobachtete mich beim Malen, bis ich es bemerkte und sie sich unter Protest verzog. Über Jahre hinweg zeichnete ich jenes eine Gesicht mit nur geringen Veränderungen. Etwa fünfzehn Jahre später, als junge Dame, war Valerie das lebendige Ebenbild jener Figur, jenes Antlitzes, das ich so viele Jahre früher gezeichnet hatte. Ich weiß, dass ihre Liebe und Bewunderung für jene Bilder dafür verantwortlich waren. Alte Freunde von mir, die meiner Tochter kennenlernten, sprachen überrascht diese Ähnlichkeit an, obwohl Valerie zu der Zeit, als ich jene Bilder malte, noch ein kleines Kind und dem Antlitz auf der Leinwand nicht ähnlicher als ich selbst war. So veränderte sich ihr Aussehen, bis es mit den Zügen des Antlitzes auf den Bildern übereinstimmte, das sie liebte – und ein ähnliches Ergebnis könnte jedes Mädchen erleben. Das amerikanische Mädchen von heute ist dem Idealbild des Künstlers näher, als es selbst vielleicht glaubt und weiß."

Dass Gedanken die Gemüter anderer Menschen selbst über eine Entfernung hinweg beeinflussen und auch eine

Wirkung auf physische Materie ausüben können, sind gründlich bewiesene Tatsachen, und ich kann bezeugen, dass ich Hunderte von Malen selbst beobachten konnte, wie solche Wirkungen in Indien und anderswo mit perfekter Präzision und oft unter Testbedingungen hervorgebracht wurden.

Ich brauche mich nicht bei den bekannteren Wirkungen von Gedanken aufzuhalten, die unser tägliches Leben beherrschen und unsere materielle Umgebung zur Zivilisation entwickelt haben. Jeder Aspekt menschlicher Errungenschaft und Kultur liegt in der Kraft von Gedanken begründet – Philosophie, Theater, Wissenschaft, Religion und Kunst –, dies gilt bis hin zu den kleinsten Einzelheiten des täglichen Lebens. „Alles", sagte Emerson, „ist durch Gedankenkraft formbar." Gewiss werden die Menschen im Laufe der Zeit mit der Kraft ihres Denkens mehr von den Problemen des Lebens und der Natur lösen und noch größere Kräfte in den Dienst des Menschen stellen – wir wollen hoffen, mit einer immer stärkeren Motivation aus menschlicher Brüderlichkeit und in Einstimmung auf eine allzeit fortschreitende Erkenntnis der spirituellen Bestimmung des menschlichen Lebens.

Kapitel 4
Liebeskraft

Während *kriyâ,* Gedankenkraft, die schöpferische Energie im materiellen Leben, gebraucht wird, um Wissen über materielle Dinge und ihre Zusammenhänge zu gewinnen, macht uns *jnâna* mit dem Bewusstsein in lebenden Dingen vertraut und wirkt als die große Kraft der Liebe zu und zwischen ihnen. *Jnâna* ist Weisheit, also sehr verschieden von Wissen. Die Bücher sagen zu Recht, dass all unser Wissen über Dinge *avidyâ* ist, *ajnâna.* Diese beiden Begriffe werden meist als ›Unwissenheit‹ übersetzt, während sie, genauer genommen, ›Unweisheit‹ bedeuten. *Avidyâ* trägt diesen etwas tadelnswerten Sinn nur, wenn auf Wissen an sich Bezug genommen wird, das nicht mit *jnâna* verbunden ist. *Jnâna-vijnâna-sahita* – Weisheit, gepaart mit Wissen – ist die wahre Weisheit, welche die Menschheit zur Vollendung führen wird, denn von Weisheit geleitet, wird alles Wissen nützlich für das innere Selbst. Dinge können keinen Wert an sich haben. Nur für ein Lebewesen können sie gut sein. Wenn wir also versuchen, den Wert von einer Sache oder einer Tat festzustellen, müssen wir nicht fragen: „Für *was* ist es gut?“, sondern: „Für *wen* ist es gut?“ Die Dinge stets und allein im Hinblick auf ihre Wirkung auf das Bewusstsein der betreffenden Wesen zu bewerten, ist Weisheit.

Krishna erklärte die Bedeutung der Weisheit in den beiden Versen in der *Bhagavad-Gita,* als er von den Besitztümern sprach, die Menschen im Dienste Gottes für das Wohl der Menschheit nützen können:

Besser als das Opfern irgendeines materiellen Gegenstandes ist das Geschenk von Weisheit, denn alle Werke – ohne Ausnahme – bauen am Ende nur Weisheit auf. Erkenne dies durch Achtung, Forschung und Dienst. Die Weisen, die die Wahrheit sehen, werden dich zur Weisheit führen.

Gewiss meinte er damit, dass alle die Werke, welche die Menschen in der Welt im langen Laufe der Geschichte vollbrachten, zu Staub zerfallen, dass aber die Früchte ihrer Arbeit weiter Bestand haben als Weisheit in der Seele des Menschen. Diese Weisheit ist nicht bloßes Wissen über Dinge, angehäuft aus Gedanken, sondern Erkenntnis über das Leben. Der Unterschied zwischen einem weisen und einem wissenden Menschen ist deutlich, gleichgültig in welchem Bereich sich sein Wirken in der Welt vollzieht. Ist er zum Beispiel ein Staatsmann oder Lehrer, so wird er keine voreingenommenen Vorstellungen oder Pläne hegen und versuchen, die Menschen oder ihre Kinder zu zwingen, sich ihm zu unterwerfen, sondern er wird höchst aufmerksam ihre Lebensbedingungen studieren und beachten, mit denen er umzugehen hat – ihre Gedanken und Gefühle und ihren Bewusstseinszustand –, und er wird diese Gegebenheiten ebenso respektieren wie der Bauingenieur die Eigenschaften von Stahl und Holz in seinen Plänen berücksichtigen wird. Nicht wer am meisten Wissen über einen Gegenstand besitzt, kann über diesen am besten lehren, sondern derjenige, der empfänglich für das Leben und deshalb fähig ist, das Bewusstsein seiner Schüler zu erkennen. Dafür braucht er etwas mehr als das Wissen, das er durch Studieren erlangen kann; er braucht die Erfahrung des Herzens, die aus Sympathie zu und Kontakt mit dem Lebendigen erwächst.

Wer besitzt mehr Weisheit auf der ganzen Welt als die Mutter, die unbewusst das Glück ihres Kindes über alles andere stellt? Weisheit ist deshalb nicht eine Anhäufung von Wissen über das Leben, sondern eine Sympathie, ein Einfühlen, ein Wahrnehmen über die fünf Sinne hinaus, ein innerer Zugang von Seele zu Seele und die Kraft, hinzuschauen und das Leben, das uns umgibt, zu „sehen“ oder zu kennen. Weisheit in Bezug auf Formen und Ereignisse ist die Fähigkeit, ihren Wert für das Leben zu erkennen. Ihr passiver Aspekt ist das Einfühlen in oder die Sensitivität für das Leben anderer, ihre aktive Form ist die Kraft der Liebe.

Diese Weisheit ist das wirkliche menschliche Fühlen, und ihr Zerrbild ist Begehren. Weisheit ist Liebe zu lebenden Wesen, Liebe zum Leben, Begehren jedoch ist die Liebe zu Dingen. Wenn ein Mensch von Begehren nach großem materiellen Besitz, Macht oder Ansehen in der Welt erfüllt ist, dann steht hinter all diesem immer noch die Sehnsucht nach einem tieferen Leben. Doch da der Mensch den Fehler begeht, sich selbst für etwas Materielles, Dingliches zu halten – für einen Körper, ausgestattet mit Gedanken und Gefühlen –, führt ihn seine Vorstellung von einen größerem Leben lediglich zu einer Vergrößerung seines körperlichen Besitzes und seiner Macht. Der Tatsache, dass seine Mitmenschen lebendige Wesen sind, ist er sich nicht bewusst; für ihn sind sie nichts weiter als beseelte, komplexe, materielle Mechanismen, an die er nur in Kategorien von Gefallen oder Missfallen denkt, je nachdem wie sie in seine Pläne und sein Begehren passen oder ihnen im Wege stehen.

Der weise Mensch jedoch ist offen und empfänglich für das Leben in anderen Wesen. Er fühlt das Lebendige augenblicklich und kann keine Pläne machen, ohne es zu berücksichtigen; die Liebe, die sein Leben erfüllt, vergrößert und erweitert dieses ohne irgendein Begehren seinerseits. Für ihn ist ein Drängen nach Ruhm unmöglich. Er trägt keine Sorge, das Denken anderer zu beschäftigen, denen er wichtig und bedeutend erscheinen will; vielmehr sind sein eigenes Denken und Leben erfüllt von Gedanken an seine Mitmenschen, ihre Interessen und Bedürfnisse, die ihn seine universelles Einfühlungsvermögen erspüren lässt.

Liebe führt uns in das Leben ein – nicht nur körperlich, indem sie zu unserer Geburt in diese Welt führt, sondern indem sie uns in jedem Augenblick unseres Lebens in bereitwilliger Sensitivität öffnet und uns zu neuem Erleben und neuen Pflichten führt. Wir erinnern uns an die Kindheitsgeschichte von dem altmodischen Geizhals, der in seinen Keller hinunter oder in seine Dachstube hinauf zu steigen pflegte, die Kerze in der Hand, und sich dort einschloss, um sich allein an seinem Schatz zu weiden, um sich Gold und Edelsteine über Kopf und Arme zu schütten und mit krankhaftem Vergnügen in seinem Reichtum zu baden. In Wirklichkeit war es aber kein reines Vergnügen, denn der Mann war stets von Angst beherrscht, sprang bei jedem vorüberhuschenden Schatten auf, den seine flackernde Kerze warf, und hielt beim leisesten Geräusch inne. Seine Eigensucht brachte es mit sich, dass er sich von Kontakten mit anderen Menschen immer mehr zurückzog, so dass sich sein Leben und Erleben auf schreckliche Weise verengte. Liebe hingegen weitet, dehnt aus und vertreibt die Angst. Sie macht den Menschen zum Menschen. Sie ist das echte menschliche Fühlen, und wer es verliert, der hat eigentlich seine Lebendigkeit verloren, auch wenn sein Körper sich noch bewegt.

Eine Geschichte, die man in Indien zuweilen hört, zeigt, wie sehr sich Liebe und Denken unterscheiden können und dass die Gebote der Liebe befolgt werden müssen, wo es um das menschliche Leben geht.

Vor langer Zeit lebte in einem großen indischen Dorf ein alter Mann. Er war bei weitem der Reichste im Ort und hatte große Macht, war aber nicht von guter Wesensart. Er hatte es sich zur Gewohnheit gemacht, alle seine Macht zu gebrauchen und sein Vermögen einzusetzen, um jedermann zu verfolgen und zu quälen, den er nicht mochte; und so war er für die Bewohner des Ortes ein Schrecken.

Dieser alte Mann hatte einen Sohn, der war die Freundlichkeit selbst, und jedermann sehnte sich nach dem Tag, an dem er einst den Reichtum und die Position des alten Herrn erben und als ein Segen für die Menschen leben würde. Die dritte Person in dieser Geschichte war ein Wandermönch, der des Weges ging, um Gutes zu tun, und zufällig in dieses Dorf kam, wo er eine Zeit lang blieb. Sehr bald bemerkte er, was hier vor sich ging, und ein seltsam verführerischer Gedanke schlich sich in seinen Sinn, und der Mönch fragte sich: „Warum sollte ich nicht den alten Mann töten und dem jungen seine Chance geben, all das Gute zu tun, das er gewisslich tun wird, sobald er kann? Der alte Mann ist nicht glücklich, und was aus mir wird, spielt keine Rolle, solange ich Gutes tue." Und dann wird die Frage an den Zuhörer gerichtet: „Was würdest du unter diesen Umständen tun? Die Logik scheint zu bestätigen, dass diese Idee gut ist." Doch die meisten Menschen würden zum Glück so handeln, wie es der Wandermönch tat, und den alten Mann am Leben lassen, wie es das Herz befiehlt.

Die Weisheit in unserem Inneren weiß, dass wir alle eins sind, und es käme ihr nicht in den Sinn, dass irgendjemandes Glück durch Schädigung eines anderen zu erlangen sei, wie auch nicht der Verstand vorschlagen könnte, durch bewusst falsches Denken zur Wahrheit zu gelangen. Vor einem ähnlichen Problem steht die westliche Welt heute in der Frage des Experimentierens an lebendigen Geschöpfen, das schon lange Zeit betrieben wird. Niemand schätzt es, jedes Herz krampft sich angesichts dieses Schreckens zusammen und die Studenten, die es durchführen müssen, schaudern anfänglich vor Entsetzen vor dem, was sie tun müssen, bis ihr Herz sich verhärtet. Dies alles wird getan im Namen der Logik und des menschlichen Wohles; der Verstand scheint zu sagen, dass die Tierversuche durchaus zu rechtfertigen seien, um das Leiden der Menschen zu verringern. Aber selbst wenn es menschlichen Schmerz reduzierte – was völlig unmöglich ist, solange Karma die Welt regiert –, würde es zugleich die menschlichen Herzen verhärten und den Fortschritt der Menschheit verzögern.

Die Menschheit der Zukunft stellt sich gewiss jeder vor als erfüllt von großer Liebe und Kraft, nicht etwa in den Spalten der Erde kriechend, gebeugt durch ihre Knechtschaft und gebunden in hinfällige, altersschwache Körper, die auf Kosten von unglaublichem Schmerz aufrechterhalten werden müssen, die der Mensch seinen Mitgeschöpfen zufügt. Doch die Menschen von heute scheinen nicht zu erkennen, dass ihre Unweisheit jene strahlende Zukunft weiter aufschiebt.

Weisheit ist auch zu erkennen in dem schlichtem Feingefühl etwa des Philosophen Emerson, der, wenn er von einer Reise nach Hause zurückkehrte, den unteren Zweigen seiner Bäume „die Hände" zu schütteln pflegte und sagte, dass er spüre, wie sie sich freuten, ihn wieder zurück zu haben – so wie er froh war, wieder unter ihnen zu sein. Ähnliches Empfinden und Verhalten zeigt sich auch in einem großen Teil der Schriften und Dichtungen von Rabindranath Tagore, der sich in den Geist eines kleinen Kindes oder eines Baches einfühlen und versetzen und den Lebenssinn selbst in den schmutzigen Straßen einer überfüllten Stadt erspüren konnte. *Jnâna,* Weisheit, ist Liebe, das Bewusstsein des gleichen Lebens in allem.

Kapitel 5
Willenskraft

Erinnern wir uns an den Mann in Los Angeles, der Schwierigkeiten hatte, sein Automobil fahren zu lernen, weil sein Denken an die Telegraphenmasten hartnäckig dafür sorgte, dass er auf diese zusteuerte trotz seiner Bemühungen, auf der Fahrbahn zu bleiben. Obwohl jene Geschichte deutlich die Macht des Gedankens illustrierte, sollte sie doch nicht den Eindruck vermitteln, zugleich die relative Schwäche des Willens zu offenbaren. Der Wille jenes Automobilisten war nicht unterlegen, sondern er war unentschlossen. Der Herr wollte nicht – er wünschte; und es ist ein gewaltiger Unterschied zwischen diesen beiden Dingen. Die Existenz eines Wunsches oder einer Hoffnung im menschlichen Gemüt zeigt ein Fehlen oder einen Mangel des Willens an; wer sich dem Wünschen überlässt, gibt für die gleiche Zeit seine Göttlichkeit auf und entsagt seinem Thron.

Die völlige Getrenntheit und der gegenseitige Ausschluss von Wünschen und Wollen ist sehr leicht zu demonstrieren. Wenn Ihr Bleistift auf dem Tisch liegt und Sie überlegen, ob Sie ihn aufnehmen wollen oder nicht, werden Sie zu einem Schluss kommen: „Ich werde ihn in die Hand nehmen", oder „Ich werde ihn liegen lassen." Bei dieser Angelegenheit gibt es keinerlei Wünschen, denn Sie sind durchaus zuversichtlich, dass das anstehende Tun in Ihrer Macht liegt. Wenn der Bleistift jedoch zehn Zentner wiegt – oder wenn Sie zufällig denken, dass er so schwer wäre –, dann hegten Sie vielleicht den Gedanken: „Ich wünschte, ich könnte diesen Bleistift aufheben!"

Der Mensch, der wünscht, erkennt seine Abhängigkeit von äußerer Gelegenheit an; er befindet sich in einem Wartezustand. Er wartet nicht willentlich auf etwas, von dem er mit Gewissheit weiß, dass es zu einer bestimmten Zeit kommen wird, sondern er hofft einfach, dass die Welt etwas tun werde, das er zufällig ersehnt. Es ist unmöglich, die Torheit des Wünschens zu überschätzen oder die gänzliche Verneinung des Willens, mit der sie einhergeht, und so mag an dieser Stelle gesagt werden, dass nur der Mensch, der willens ist, das Wünschen ein für allemal aufzugeben, auf dem geistigen Pfad weit gelangen kann.

Wenn das Denken die Kraft ist, die zwischen den Dingen wirkt, was ist dann der Wille? Er ist die Macht, die zwischen Gedanken und Gefühlen wirkt. Er ist Konzentration. Er ist Aufmerksamkeit. Er ist die Kraft, die den Geist des Menschen in Bewusstes und Unterbewusstes teilt. Hätte jener Autokäufer und Fahrschüler diese einfache Wahrheit gekannt, so hätte er seine Angst vor den Telegraphenmasten sehr leicht ablegen können. Er hätte zu sich gesagt: „Hör auf, an diesen Mast zu denken. Richte deinen Blick auf die Straße, und denke daran. Vergiss den Mast, indem du ausschließlich an die Straße denkst, deren Verlauf du folgen willst." Hätte er versucht, anstelle seiner Hände sein Denken zu beherrschen, wäre alles ganz gut gegangen. Ähnliches haben gewiss schon sehr viele ungeübte Fahrer in der Nacht beobachtet, wenn ihnen auf der anderen Seite der Straße ein Wagen mit blendenden Scheinwerfern entgegenkam. In dieser Situation ist es notwendig, dass der Fahrer sich nicht von der Idee faszinieren lässt, die aus der Angst vor diesen näherkommenden Lichtern geboren wird, sondern sein Denken und seinen Blick von diesen abwendet und auf den dunklen Teil der Straße fixiert, der er folgen will, auch wenn er sie nicht sehen kann.

Wünschen ist keine Form des Willens, sondern nur eine Vergrößerung des Begehrens. Während das Begehren gewöhnlich der Wunsch ist, etwas zu besitzen, das man nicht hat, deckt Wünschen das ganze Blickfeld ab und bringt zugleich eine Vielzahl von Ängsten vor dem Verlust dessen mit sich, was man hat, oder vor den vielen Möglichkeiten, wie die Erfüllung des Begehrens noch vereitelt werden kann. Das Wünschen ist nicht so sehr eine Reflexion des Willens wie eine Reflexion der Liebe, jedoch einer zur Unkenntlichkeit verdrehten Liebe, weil sie sich an Dingliches hängt, während die ihr angemessene Sphäre das bewusste Leben ist.

Willen ist somit der *âtman,* das Selbst, das sich selbst erkennt und seine Macht über alle seine Beziehungen zur Welt des Lebens und der Dinge zeigt. Der Wille ist das Selbst, das es selbst ist, und seine Natur kann als diese erkannt werden, wann immer Menschen versuchen, ihre Zukunft selbst zu bestimmen. Das Selbst wird assoziiert mit dem Verb „sein", nicht mit dem Verb „tun". Wenn ein Mensch beschließt: „Ich werde in meinem Geschäft schwer arbeiten und eine Menge Geld verdienen", dann nimmt er sich in Wirklichkeit, fast unterbewusst, vor: „Ich werde reich sein." Dieser Vorsatz wirkt in sein Denken hinein und hält es im Dienste dieser Stimmung fest, und dann lenkt der Gedanke das Handeln.

Wenn ein Mensch von innen heraus handelt, ohne umfassendes Wissen um die Konsequenzen, dann handelt er aus dem, was er *ist,* nicht aus dem, was er denkt, und damit ist sein Wille am Wirken. Da kein Mensch, bevor er handelt, die Konsequenzen seines Handelns ganz durchdenkt, steckt in jedem Stück von menschlicher Arbeit etwas Willen. Ein extremes Maß davon ist festzustellen, wenn eine Person etwas tun will, ohne überhaupt zu wissen, wie es zu tun ist. Dann will der, der das Ziel will, auch die Mittel, denn er erklärt die Macht des inneren Selbst. Er leistet einen glänzenden Akt der Konzentration, sammelt alle Kräfte seines Herzens und Gemüts in eine Richtung, und diese Konzentration führt am Ende zu einem Ergebnis. Der Mensch, der so klar weiß, dass er Herr seines eigenen Bewusstseins ist, dass er dieser Konzentrationsleistung fähig ist, kann wollen, wenn andere es nicht können.

Der Wille führt letztlich zu echtem über-bewussten Leben, Seligkeit, *ânanda*. Der *ânanda*-Seinszustand ist zeitlos; Bewusstsein hingegen bewegt sich in der Zeit – wenn auch nicht im Raum –, und dabei erzeugt es Evolution oder Entfaltung, welche wiederum nicht Fortschritt ist. Dies ist eine schwierige Thematik, mit der ich mich im Kapitel 21 befassen werde; an dieser Stelle aber muss erwähnt werden, dass er das Prinzip der Verschleierung in das Bewusstsein einführt und den Geist des Menschen teilt, da der Wille sich als Ganzes auf einen Teil von sich selbst richtet, um diesen Teil für einige Zeit noch vollkommener zu verwirklichen. Dieser Vorgang lässt an ein Schulkind denken, das in den Musiksaal geht und dort für eine bestimmte Zeit all seine Aufmerksamkeit auf die Musik richtet und dabei alles vergisst, selbst die Existenz von Fächern wie Geographie und Geschichte – und je umfassender dieses Vergessen gelingt, desto besser dürfte die Musik sein. Dieser Vorgang ist notwendig, wenn etwas Neues erworben oder angeeignet wird. Es bewirkt, dass das Unterbewusste, in welchem die ganze Zeit Willen, Weisheit und Aktivität im Gange sind, vom Bewussten nicht wahrgenommen wird – oder genauer gesagt, dass der unterbewusste Teil des Geistes dem bewussten Teil verborgen bleibt, denn es gibt ja nur einen menschlichen Geist.

Um diesen Punkt weiter zu verdeutlichen, berichte ich nun ein Erlebnis, das ich in einer südindischen Stadt mit einem alten Herrn hatte, der ein Experte in der Ausübung von Geisteskräften war. Unter den vielen interessanten Experimenten, die er mir zeigte, war eines mit einem Päckchen Spielkarten. Zuerst schrieb er etwas auf ein Stück Papier, das er zusammenfaltete und mir gab; ich sollte den Zettel unbesehen in meine Tasche stecken. Dann forderte er mich auf, die Karten zu mischen und sie verdeckt auf das Podest zu legen, auf dem ich nach indischer Manier gerade saß. Als die Karten ausgelegt waren, bat er mich, eine beliebige Karte aufzunehmen. Ich ließ meine Hand wahllos auf irgendeine Karte sinken und hob diese auf. „Nun", sagte er, „sehen Sie sich die Karte an und öffnen Sie den Zettel, den ich Ihnen gegeben habe.“ Als ich das Papier entfaltete, stand darauf die Bezeichnung der Karte, die ich aufgenommen hatte. Auf Anregung des alten Herrn gab ich die Karten dann zwei indischen Freunden, die mich zu seinem Haus begleitet hatten, und er wiederholte das Experiment noch zwei Mal, nachdem er jedem ein neues Stück Papier gegeben hatte und ohne die Karten selbst zu berühren.

Nun kam mir der Gedanke, selbst ein kleines Experiment zu wagen, und so bat ich ihn, mir eine neues Papier zu geben und es abermals zu probieren, wozu er gerne bereit war, denn er war nicht nur daran interessiert, seine besonderen Kräfte unter Beweis zu stellen, sondern auch mich in ihrem Gebrauch zu unterweisen, so weit dies möglich war. Ich mischte die Karten und breitete sie aus wie zuvor, aber dieses Mal, als ich eine aufnehmen wollte, richtete ich mein Denken auf das Seine und konzentrierte mich insgeheim auf den Vorsatz: „Ganz gleich, welche Karte Sie gewählt haben, werde ich diese Karte *nicht* aufnehmen.“ Ich hob eine der Karten auf und stellte fest, dass sie mit der zuvor notierten dieses Mal nicht übereinstimmte. Niemand konnte offensichtlicher erstaunt gewesen sein als der alte Herr, als ich das Papier und die Karte zusammen zu seiner Inspektion hochhielt. Anscheinend hatte er noch niemals versagt. Ich erzählte ihm, was ich getan hatte, und er meinte, dass dies die Angelegenheit perfekt erkläre; nun wolle er mir sagen, wie er das Experiment durchführte.

„Zuerst“, begann er, „entscheide ich mich für eine bestimmte Karte und schreibe ihre Bezeichnung auf. Dann konzentriere ich mich fest darauf und übertrage diesen Gedanken in Ihren Geist, wo er unter diesen Umständen auch sehr fest gehalten wird, wenn auch ohne Ihr bewusstes Wissen. Das Unterbewusste hat seine eigenen Wahrnehmungskräfte, und unter ordentlicher Anleitung ist es durchaus im Stande zu sehen, was auf der Unterseite dieser Karten ist, obwohl die körperlichen Augen dies nicht wahrnehmen können. Darüber hinaus lenkt jenes Gedankenbild in Ihrem Geist Ihre

Hand genau zu der Stelle, wo die Karte liegt. Als Sie Ihren Willen jedoch gegen meinen stellten, müssen Sie das Bild zerstört haben, das ich Ihnen übertragen hatte." Auf seine höfliche orientalische Weise gratulierte er mir zu der Kraft meines Willens. Ich halte es für durchaus möglich, dass er das Experiment, wäre er bezüglich meiner Absicht vorgewarnt worden, trotzdem erfolgreich hätte ausführen können – wie es tatsächlich unmittelbar danach bei meinen zwei indischen Freunden gelang, als diese versuchten, nicht die ausgewählte Karte aufzunehmen, doch jedes Mal buchstäblich gezwungen wurden, genau dies zu tun. Es mag sein, dass der alte Herr durch Gedankenübertragung gewahrt haben könnte, was ich vorhatte, doch vermutlich war er zu sehr auf seine gewohnte Rolle in dem Experiment konzentriert, um es zu bemerken.

Zu einem späteren Zeitpunkt erlebte ich eine überraschende Fortsetzung dieser Erfahrung, und zwar in meinem eigenen College in Haiderabad in der südost-pakistanischen Provinz Sind, mehr als dreitausend Kilometer entfernt von der Stadt Trichinolopy[6], wo ich einen Morgen bei jenem alten Herrn verbracht hatte. Eines Abends saß ich nach einem anstrengenden Arbeitstag in meinem Zimmer zusammen mit zwei Freunden, von denen einer ein Mitglied meines Kollegiums war, ein Professor der Politologie. Dieser Herr, ein Inder, der die Universität Oxford mit Auszeichnung absolviert hatte, hatte während seiner Zeit in England auch einige sehr clevere Kartentricks gelernt und zeigte uns an jenem Abend einige davon zur Zerstreuung. Mein Denken war jeglichem Thema psychischer Forschungen fern; es war vielmehr mit den ernsten Schwierigkeiten des Augenblicks beschäftigt, die mit der unter den College-Studenten wirkenden politischen Bewegung zusammenhingen, die nach meiner Einschätzung ihrer Zukunft und dem Land sehr großen Schaden zuzufügen drohte. Plötzlich, ohne irgendeine Warnung, hörte ich mitten in meinem Kopf eine kräftige Männerstimme. Sie sprach

[6] heute: Tirutschirapalli im Unionsstaat Tamil Nadu (Anm.d.Ü.)

nur fünf Worte: „Kreuz-Fünf, probiere das Experiment." Augenblicklich war mir klar, dass sich diese Anweisung auf das Erlebnis bezog, das ich vor einiger Zeit in Trichinopoly hatte. Ich folgte der Stimme, schrieb sofort „Kreuz Fünf" auf ein Stück Papier, faltete es zusammen und bat meinen Freund, den Professor, es in seine Tasche zu stecken. Als nächstes bat ich ihn, die Karten zu mischen, welche ich überhaupt nicht berührt hatte, und sie mit der Bildseite nach unten auf dem Fußboden zu verteilen, auf dem wir saßen, sodann wahllos eine aufzunehmen und sie mit dem zu vergleichen, was auf dem Papier geschrieben stand. Als er seine Karte aufdeckte, war es die Kreuz-Fünf, und Sie können sich seine Überraschung vorstellen, als er die korrekte Bezeichnung auf dem Papier geschrieben fand, das in seiner Tasche steckte. Ich kann nicht mit Gewissheit erklären, auf welche Weise mich die Stimme in diesem Falle gelenkt hatte; aber angesichts dessen, was ich über Gedankenkraft weiß, halte ich es für durchaus vernünftig zu glauben, dass der alte Herr, der zweitausend Meilen entfernt lebte, unseres abendlichen Zeitvertreibs gewahr geworden war und mir dieses Experiment eingegeben und dazu beigetragen hatte, dass es ein Erfolg wurde. Als Illustration für die Art und Weise, wie Gedankenkraft und Willen im Unterbewussten wirken können, war dieses Experiment sehr wertvoll.

Wenn wir betrachten, auf welche Weise das Denken die wirkende Kraft zwischen den Dingen in unserem Leben und im Körper ist, müssen wir in Betracht ziehen, dass es zuweilen unterbewusstes Denken ist und in der Tat sehr viele so genannte Zufälle im Leben in Wirklichkeit aufgrund unserer eigenen Gedankenkraft geschehen, die, häufig vom Willen gelenkt, auf diese Weise wirkt. Da hat ein Mensch an einem bestimmten Abend vielleicht nichts Besonderes vor und beschließt, einen Spaziergang zu machen. Er setzt seinen Hut auf, zieht den Mantel an und geht zwanglos diesen oder jenen Weg. Im Laufe seines Spaziergangs ergibt es sich, dass er jemandem begegnet, der ihm einen neuen Vorschlag für ein Geschäft unterbreitet oder einen neuen Gedankengang entwickeln hilft, der schließlich sein Glück oder sein Leben verändert. Später wird er zurückblickend sagen, dass jener Abend der Wendepunkt in seiner Karriere oder seinem Leben war und wird oft freudig bestätigen, welch ein Glück es war, dass er an jenem Abend zufällig einen Spaziergang unternommen und genau den Weg eingeschlagen hatte, auf dem er jenem Freund begegnete. Vielleicht war es kein Zufall, sondern etwas Größeres in seinem Inneren, das seine Schritte lenkte – mit der gleichen Präzision, mit der auch meine Hand zu der einen Spielkarte unter vielen geführt wurde, die verdeckt ausgelegt waren. Dies jedenfalls weiß jeder: Es gibt jemanden in seinem Inneren, dem es gelegentlich gelingt, dem bewussten Teil unseres Geistes das zu übermitteln, was man landläufig als die Stimme des Gewissens bezeichnet, einer Instanz, die mehr über die wahre Ausrichtung des Lebens weiß als der Mensch innerhalb der Grenzen seines bewussten Denkens.

Später, wenn die Lernphase vorüber und das Bewusstsein des Menschen machtvoller geworden ist, so dass er mit Musik, Geschichte und Geographie gleichzeitig umzugehen vermag, wird es dazu keiner besonderen Konzentration mehr bedürfen außer zur raschen Besinnung im Augenblick. Dann hat der Mensch alle die Kräfte und all das Wissen zu seiner ständigen und sofortigen Verfügung, die er Stück für Stück erworben hat inmitten der Begrenzung, die seine Konzentration auf das Lernen verursachte. Dann werden das Unterbewusste oder Unbewusste und das Bewusste eins geworden sein.

Lassen Sie uns also die Unterscheidung zwischen *ichchhâ* und *kriyâ* – Willen und Aktivität – klar und deutlich im Sinne behalten und nicht vergessen, dass erstere jeglicher Form von Wünschen völlig entgegengesetzt und letztere die Aktivität des Denkens ist. Beide sind wirkende Kräfte, *kriyâ* eine Macht über Dinge und den Körper, *ichchhâ* eine Macht über den Menschen selbst, das heißt über die eigenen Gedanken und Gefühle.

Kapitel 6

Materie, Energie und Gesetz

Wir haben festgestellt, dass es in der Welt des Bewusstseins immer drei Prinzipien gibt, die in wechselnden Intensitäten und Proportionen zu verschiedenen Zeiten wahrnehmbar sind. So sind auch in der Welt des *sat* drei Prinzipien zu unterscheiden, nämlich *tamas, rajas* und *sattva* – übersetzbar als Materie, Energie und Gesetz. Antike und moderne Wissenschaftler haben gleichermaßen diese drei Prinzipien in einem entdeckt und ihre Untrennbarkeit festgestellt. Es handelt sich um Prinzipien der Materie – nicht um Eigenschaften, sondern Zustände des materiellen Seins –, und ein Körper kann sie zu verschiedenen Zeiten in unterschiedlichen Graden aufweisen, wie schon das Bewusstsein Willen, Liebe oder Denken einsetzen kann, obwohl alle drei Kräfte jederzeit mehr oder weniger vorhanden sind.

Die Welt der Objekte ist eine Welt von Körpern, die einander im Wege stehen und auch Bewusstsein blockieren können, wenn letzteres sich der Materie unterwirft, indem es sich in einen Körper senkt. Ein Objekt ist nur sichtbar, weil es unsere Sicht behindert, und die Welt ist nur deshalb voller Licht, weil die Dunkelheit oder Lichtundurchlässigkeit ihrer stofflichen Atmosphäre die Sonnenstrahlen streut. Jedes Materie-Atom ist somit gewissermaßen ein dunkler Fleck im Raum. Er ist undurchdringlich, deshalb können Kräfte von außen auf ihn einwirken. Die gegenseitige Durchdringung von Materie, von der Theosophen sprechen, bedeutet lediglich, dass in den Zwischenräumen grobstofflicher Körper feinstoffliche existieren können. Obwohl in solchen Fällen zwei oder mehr *Körper* einander durchdringen und damit den gleichen Raum einnehmen, tut dies die *Materie* dieser Körper in Wirklichkeit nicht.

Diese Qualität von Dunkelheit oder Stabilität, von Widerstand oder Behinderung der Objekte in der Welt wurde von den Wissenschaftlern der alten Zeit *tamas* genannt. Dieser Begriff steht für jene Qualität der Materie, die in der gewöhnlichen Sprache und Denkweise für die Materie selbst gehalten wird; sie verleiht der Materie Gestalt und bildet somit Punkte im Raum, auf die Kräfte einwirken können. Materie hat damit etwas, das man als einen eigenen Willen bezeichnen kann – auch wenn es sich dabei um einen passiven Willen handelt, nämlich Starr- oder Trägheit –, und sie ist fraglos sie selbst und offenbar nicht im geringsten geneigt, ihre Existenz aufzugeben.

Für lange Zeit nahm man an, die ganze Welt sei aus winzigen Bausteinen zusammengesetzt, die wir Atome nennen und von denen es eine beträchtliche Anzahl gibt. Jeder dieser Bausteine wurde für gänzlich unveränderlich gehalten, so dass man davon ausgehen konnte, dass die Materie-Einheiten unvergänglich waren – das heißt unerschaffen und unzerstörbar. Dann gelangte man zu einer differenzierteren Betrachtungsweise. Ähnlich, wie man vielleicht hunderttausend Bausteine benötigt, um eines unserer vielen verschiedenen Arten von Häusern zu bauen, und wie dieses Haus, einmal errichtet, doch durch Entfernen und Wiederverwenden seiner Bestandteile und Bausteine verändert und umgestaltet werden kann, so muss auch die Welt aus Atomen gebaut sein, die ständig neu angeordnet werden und neue, veränderte Formen bilden. Aus praktisch-menschlicher Sicht ist diese Vorstellung wahr. Sie ist eine Darstellung von *tamas* in einem gewissen Grade von Materialität, träfe aber nur dann gänzlich zu, wenn Stabilität die einzige gemeinsame Eigenschaft in der Welt der Materie wäre, die wir mit unseren fünf Sinnen erfassen können.

Der zweite Aspekt von Substanz ist *rajas,* die Energie der Materie, welche man sich in wissenschaftlichen Kreisen heute allgemein als die Quelle und Basis der Materie selbst vorstellt, auch wenn die Zeit gewiss lehren wird, dass sie selbst ebenfalls materiell ist und niemals ohne Körper oder Position sein kann. Die Vorstellung von einer natürlichen Energie, die man in elementaren Büchern über Mechanik findet, eignet sich sehr wohl, um diese allgemeine Eigenschaft von Substanz zu beschreiben. Es ist wohl weithin bekannt, dass kein materieller Körper seinen Zustand des Gleichgewichts oder der Bewegung ohne die Einwirkung irgendeiner Form von Energie verändert, sofern es sich nicht um einen komplexen Körper handelt, in dem das Reifen von im Inneren wirkenden Kräften zu einer neuen Balance des Ganzen führt, wie im Beispiel eines Felsgesteins, das an einem Berghang erodiert und schließlich herabstürzt.

Eine Kugel, die auf einem Billardtisch liegt, setzt sich nicht von allein in Bewegung. Eine rollende Kugel wiederum kommt nicht zum Stillstand ohne die Einwirkung einer Form von Widerstand oder anderer gegensätzlicher Kräfte von außen (Luftwiderstand, die Reibung auf der Tischoberfläche etc.). Die Energie der Kugel in Bewegung und die Kraft, die jene Bewegung zum Stillstand bringt, wird sich hierbei als gleich groß erweisen.

Doch alle diese Dinge sind oberflächliche Phänomene, die *rajas* zeigen, wie das chemische Atom *tamas* aufweist. Da das Atom zerfallen und sein *tamas*-Aspekt geschwächt werden kann, bis Betrachter sagen, es sei bloß Energie, so vermag Energie hervorzukommen aus und zu verschwinden in dem Hintergrund von *sattva,* dem Gesetz, welches die eigentliche Essenz der Welt der Objekte ist, wie *jnâna* diejenige der Welt des Bewusstseins ist. Diese Energie vermag die Zeit zu überwinden, so wie Bewusstsein Raum überwindet – etwa wie wenn ich eine Billardkugel vom Fußboden aufhebe und auf den Tisch lege. Hierbei wird eine gewisse Menge von Energie aufgewendet, um sie emporzuheben, und die gleiche Menge Energie wird wieder zum Ausdruck kommen, wenn die Kugel irgendwann in der Zukunft vom

Tisch zurück auf den Fußboden fällt, sei es, um sie zum Herabfallen zu bewegen oder als Wärme, die beim Aufprall auf den Boden erzeugt wird; dies kann gemessen und bestätigt werden. Wärme, Ton, Licht, elektrische Phänomene, chemisches Potenzial und vieles andere sind Formen von Energie, und soweit die Forschungen des Menschen reichen, gibt es nirgendwo ein Materialpartikel, das keinerlei Energie in sich trägt. Dies bedeutet zugleich, dass es nirgendwo eine totale Stofflichkeit gibt.

Der dritte Aspekt der Materie ist Gesetz. Ich weiß, dass dies seltsam klingt und die meisten Studenten der Naturwissenschaften spontan sagen werden, die Welt bestehe nur aus zwei Dingen, nämlich Materie und Energie. Gleichwohl werden sie bestätigen, dass das Wirken von Gesetz und Ordnung überall deutlich erkennbar ist. In dieser Position liegt eine gewisse Widersprüchlichkeit, welche die Wissenschaftler im alten Indien nicht übersehen haben, denn sie sagten ohne Zögern, dass *sattva* oder das Gesetz eine der Eigenschaften des materiellen Seins ist. Es ist in der Tat so, und es ist wirklich nicht schwerer zu begreifen als die Vorstellung, dass Energie objekthaft ist. Nirgendwo in der Welt wird man jemals Materie oder Energie finden, die nicht irgendeine Gesetzlichkeit aufwiese, welche die Art der Aktivität des Körpers und seine Beziehungen zu anderen Körpern bestimmte. Jedes chemische Element, jedes Atom hat seine Funktion – so gewiss, wie jeder Same seine Wachstumstendenz birgt und eine bestimmte Art von Pflanze bilden wird –, und das Wirken dieses Gesetzes ist ein Teilaspekt der Natur, des *sat* oder Seins.

Für die Wissenschaftler in der alten Zeit war es vollkommen klar, dass *sattva, rajas* und *tamas* die *gunas* oder Eigenschaften der Materie sind, dass alle Materie nichts war als diese drei und dass sie niemals etwas anderes als Materie sein können. Diese drei Begriffe werden auch gebraucht, um den Charakter von Dingen zu beschreiben – zum Beispiel in der *Bhagavad-Gita,* wo wir über *sattva-, tamas-* und *rajas-*

Speisen lesen, die dazu neigen, den Körpertyp aufzubauen, in dem die jeweilige Qualität vorherrschend ist. Ein *rajas*-Körper ist also ein energetischer oder sogar rastloser Körper. Jedes Objekt enthält stets alle drei *gunas,* doch eines davon dominiert und verleiht dem Gegenstand seine herausragende Qualität – so wie jedes Bewusstsein oder Teil von *chit* gewiss Wille, Liebe und Denken offenbart. Auch wenn diese bei einem bestimmten Charakter nicht in gleicher Ausprägung erkennbar sind, ist doch eines von ihnen gewöhnlich der vereinbarte Führer und Inspirator der beiden anderen.

Kapitel 7
Das Göttliche und das Materielle

Nun gilt es, die Welt von *sat* mit der Welt von *chit* zu vergleichen, um festzustellen, in welcher Beziehung sie zueinander stehen. Erstere Welt wird zu Recht als materielle bezeichnet, während die zweite am besten als die göttliche zu beschreiben ist. Obwohl viele Dinge als Objekte der materiellen Welt *(sat)* und zahlreiche Bewusstseine als Gegenstände der Welt des *chit* erscheinen mögen, ist jede dieser Welten in Wirklichkeit doch stets nur ein Ding oder ein Bewusstsein, und die wahrgenommenen Vielen sind Teile von ihm.

Diese große Wahrheit ist im Bereich der materiellen Dinge offensichtlich, und ihre Tragweite ist überaus groß. Die Welt des Seins besteht nicht aus einer Vielzahl von unabhängigen Dingen, die alle zusammengesetzt oder -gefügt sind; sie ist nicht aus einer großen Zahl und Vielfalt von Stücken aus sich selbst oder aus Bausteinen erbaut. Der Vorgang ist vielmehr genau umgekehrt, denn alle die Dinge, die wir kennen, sind nichts anderes als Abstraktionen ihrer Welt. Sie sind eins, und ihre Einheit zeigt sich in ihrer totalen äußeren Abhängigkeit voneinander. Man betrachte zum Beispiel, was in einem Kind vorgeht, wenn es seine Augen für die Welt öffnet. Am Anfang nimmt es die Welt als ein großes, unbestimmtes Etwas wahr, und erst allmählich lernt das Kind, einzelne, herausragendere oder lebendigere Dinge in jener allgemeinen Masse zu unterscheiden, bis es später unter ihnen auch die kleineren Dinge erkennt. Dieser Vorgang ist vergleichbar mit dem, was ein Reisender sieht, wenn sein Schiff sich der Küste nähert. Zuerst nimmt er vage etwas wahr, das die

Gewissheit „Land in Sicht!“ auslöst. Dann wird sein fernes Gegenüber allmählich deutlicher und klarer umrissen, und Berge werden sichtbar. Schließlich vermag der Reisende Bäume und Häuser wahrzunehmen, bis er dann, schon nahe am Ufer oder Kai, auch Menschen und Tiere, ja sogar Blumen erkennen kann.

Psychologisch ist eine ähnliche Unterscheidung aus der Masse oder Gesamheit von Dingen für den Prozess des Wissenserwerbs entscheidend; jeder Vernunftschluss hat seine universelle Voraussetzung, ohne die es keinen Grund und keinen Erwerb von klarem Wissen gäbe, welcher schließlich niemals das Gewinnen von etwas Neuem ist, sondern die klare Wahrnehmung von etwas, das vorher nur unklar, trüb oder unbemerkt war. Es ist wohlbekannt, dass wir Dinge durch Vergleichen wahrnehmen. Stellen Sie eine Katze und einen Hund nebeneinander und studieren Sie ihre Ähnlichkeiten und Unterschiede, und danach werden Sie besser wissen, welches ein Hund oder was eine Katze ist, als wenn Sie jedes Tier für sich allein betrachtet hätten. Die besten Gedanken über einen beliebigen Gegenstand oder ein Thema hat wiederum derjenige, der bereits die meisten Ideen und Eindrücke besitzt, mit dem er vergleichen kann – vorausgesetzt, jene früher aufgenommenen Eindrücke sind wohl verarbeitet und in seinem Geist klar und ordentlich sortiert. Alles Denken ist in Wirklichkeit abstrakt; der Geist des Menschen kann nicht zwei Ideen gleichzeitig verfolgen, doch er kann eine hegen, die zwei oder mehr Aspekte umfasst, die wiederum Teile des größeren Ganzen sind.

Es ist nicht nur logisch, sondern eine Tatsache, dass das Kleinere vom Größeren oder der Teil vom Ganzen abhängig ist. Für materielle Dinge ist es typisch, dass sie keinen eigenen Antrieb haben und sich nicht verändern; für eine Veränderung sind sie auf äußere Einflüsse oder Einwirkungen angewiesen. Wenn ein Buch auf dem Tisch liegt, dann bleibt es liegen, weil der Tisch unter ihm ist. Der Tisch wiederum steht auf den Fußbodendielen, diese liegen auf tragenden

Balken, welche auf Mauersteinen und Stützen ruhen. Die Mauer wird von den Grundmauern gestützt, und die Grundmauern gründen in der Erde. Die Erde wiederum ist ein materieller Körper, der von den unsichtbaren Kräften der materiellen Energie der Natur an ihrem Platz im Raum gehalten wird; somit hängt sie von anderen Planeten, der Sonne und den Sternen ab. Nur das große Ganze allen Seins ist wirklich selbst-erhaltend und selbst-tragend, alle seine Teile hängen vom Halt des Ganzen ab. Es kann nicht oft genug hervorgehoben werden, dass nicht das Ganze aus seinen Teilen besteht, sondern dass die Teile Fragmente in Bezug auf das große Ganze sind, in dem sie Stützung, Halt, Bestand und Verwurzelung haben.

In der Welt des Gesetzes existiert alle Objekt-Wirklichkeit äußerlich. Wenn wir die beiden farblosen Gase Sauerstoff und Wasserstoff im richtigen Mengenverhältnis mischen und zur Explosion bringen, verschwinden beide, und an ihrer Stelle sehen wir nur noch etwas Wasser. Nun mag man einwenden, dass die gleiche Materie und auch die gleiche Energie immer noch vorhanden sind, doch es muss uns auch klar sein, dass wir nicht etwas Neues erzeugt haben, nicht einmal im Hinblick auf die Eigenschaften. Es ist offenkundig, dass das Wasser vorher nicht da war, aber jetzt vorhanden ist, und wenn wir nur an Eigenschaften oder die Erscheinung der Dinge denken, dann könnten wir auf den Gedanken kommen, dass hier etwas aus dem Nichts entstanden sei. Doch in Wirklichkeit ist nichts anderes geschehen, als dass wir uns selbst und anderen Betrachtern, welche in dieser Hinsicht eins mit uns sind, jene Wirklichkeit offensichtlich gemacht haben, die immer existiert.

Die beste Illustration hierzu ist ein Kind, das mit bebilderten Holzklötzen spielt. Es hat einen Kasten, der etwa zwanzig würfelförmige Holzklötze enthält, und auf jeder Seite jedes Würfels ist ein quadratischer Teil eines Bildes. Das Kind setzt die Klötze auf dem Tisch oder auf dem Fußboden zusammen und dreht sie so lange und ordnet sie Seite an Seite, bis alle Klötze richtig zusammengesetzt sind und eines der Bilder vollständig zeigen. Dann mischt es die Klötze wieder und sortiert sie mit einer anderen Bildseite nach oben, bis dieses andere Bild vollständig zusammengesetzt ist. Das Kind mag denken, dass es selbst die auf diese Weise entstandenen Bilder gemacht habe, aber dies trifft nicht zu. Zuerst gab es einen Künstler, von dem das ursprüngliche Bild stammt; das Kind hat nichts anderes getan, als die bebilderten Holzklötze so zusammenzusetzen, dass das von dem Künstler angefertigte Bild von neuem erschien. Wenn Sauerstoff und Wasserstoff zusammengebracht werden, kommt Wasser zum Vorschein, dabei ist der Wirklichkeit nichts hinzugefügt und nichts genommen worden. Dies gilt überall entsprechend, so dass alles menschliche Erzeugen und Erfinden dem gleichen Gesetz folgt. Diese Wirklichkeit nimmt der menschliche Geist als das wahr, was er gewöhnlich als Naturgesetz bezeichnet. Dieses Gesetz ist eine existierende Wirklichkeit – *sattva* –, die Welt der Ideen, der objektive universelle Geist.

Eine weitere Bezeichnung erhielt *sat* in anderen Quellen – das große passive Prinzip. In diesem Rahmen gibt es, wie ich bereits feststellte, keinen eigenen Antrieb, weil es keine Zeit gibt, welche zu *chit* gehört. Wir haben gesehen, dass das Buch in seiner Position vom Tisch abhängig ist, auf dem es liegt, der Tisch wiederum vom Fußboden und so weiter, und wir haben die Ganzheit der Dinge betrachtet. Die Ganzheit muss selbst-existent sein, selbst-schöpferisch, selbst-verändernd; es gibt kein äußeres Wesen seiner eigenen Art, das materielle Energie von außen auf es einwirken lassen könnte. Anders ausgedrückt, ist *sat* gleichzeitig göttlich. Brahmâ wird von Vishnu hochgehalten.

Chit jedoch ist das Göttliche in jedem Teil. Es ist das große aktive Prinzip, selbst-existierendes Bewusstsein, selbst-erschaffen, selbst-verändernd, unabhängig und alles anregend, das Wesen der Zeit. Ich habe aus ganz spezifischem Grund das Wort göttlich gebraucht anstelle des Begriffes geistig (engl. *spiritual),* der manchen an dieser Stelle passender erscheinen mag. Das Wort für Geistiges (engl. *spirit)* birgt etwas von feinstofflicher Materie, etwas Atem-Ähnliches und Ätherisches, dabei aber Materielles. Das Wort göttlich (engl. *divine)* jedoch ist verwandt mit dem Sanskrit-Wort *div,* welches „leuchten" bedeutet und in Begriffen wie *div* (Himmel), *divâkâra* (Sonne) und *deva* (Lichtwesen) auftaucht.

Göttlich ist somit das, das mit seinem eigenen Licht oder von innen heraus leuchtet, und viele Menschen der alten Zeit wählten die Sonne als Symbol des Göttlichen, weil von der Sonne alles Licht, die Wärme und das Leben unserer Welt hervorstrahlt; während der Mond ihr als das Symbol der Materie gegenübersteht und nur reflektiertes Licht abstrahlt.

Ein jeder, der sich die Mühe macht, über dieses Thema nachzudenken, wird das Göttliche Wesen, den Sonnenlogos, unterscheiden von der materiellen oder Seiner Welt aufgrund Seines Charakters der Unabhängigkeit und eigenen Antriebskraft. Ein Begriff, der das göttliche Wesen am prägnantesten beschreibt, ist *svayambhu,* das Selbst-Existierende. Er ist der Allmächtige, der Allgegenwärtige und der Allwissende, denn Er ist die Gesamtheit des *chit* in unserem Sonnensystem – *chit* bis zur Vollkommenheit –, während der Mensch nur ein Teil dieses *chit* ist und die drei genannten Qualitäten nur ohne ihre Vorsilbe All- aufweist. Genau genommen, sollten wir das Wort Gott nicht gebrauchen, um dieses große Bewusstsein zu beschreiben, das unser größter Bruder ist. Unser Bewusstsein und unser Körper sind Dinge, die wir gebrauchen, nicht etwas, das wir sind. In Wirklichkeit gehören wir zu dem Universalen Gott, dem echten Leben, jenseits von Materie und Bewusstsein, jenseits von *purusha* und *prakriti,* jenseits des Materiellen und des Göttlichen.

Kapitel 8
Harmonie

Der Pfeiler des Lichtes, dem Vishnu und Brahmâ begegneten, nachdem sie nicht harmonisch zusammengearbeitet, sondern miteinander um ihren Rang gestritten hatten, bis Shiva durch sein Erscheinen die Harmonie wiederherstellte, ließ die beiden Kontrahenten erkennen, dass sie eins waren in ihm, und so begann ein neuer Tag des Seins. So scheinen auch uns *chit* und *sat* – oder im Kleineren der Mensch und die äußere Welt seiner Erfahrung – in krassem Gegensatz zu stehen, bis wir entdecken, dass in ihrer Beziehung völlige Harmonie der gemeinsamen Bestimmung herrscht und es einen guten Grund für ihren scheinbaren Konflikt gibt.

Ânanda steht hinter beiden, in Shiva haben sie ihre Einheit. Der Kontakt von *chit* mit *sat* ist voller *ânanda* (Seligkeit), die jedes Geschöpf erfährt, das sein Leben liebt, denn was gemeinhin Leben genannt wird, ist das Wechselspiel zwischen *chit* mit *sat*. Es ist eine vertraute Vorstellung, dass das Leben unterhalb des Menschenreichs voller Seligkeit ist, dass Schmerz in der Tierwelt weder häufig noch von Dauer ist und der Augenblick der Angst oder des Grauens erst kommt, wenn das Leben unmittelbar in Gefahr ist. Die Millionen von Rindern, die Monat für Monat in die Schlachthöfe in Chicago und in anderen Städten gehen, haben keine Ahnung von Angst oder Kummer, bis ihr Ende naht, denn ihr Wissen und ihre Vorstellungskraft erzählt ihnen nicht, was ihnen bevorsteht, und draußen auf den Weiden ist ihr Leben idyllisch gewesen – auch wenn wir Menschen es als beengt bezeichnen würden. In der Natur wirkt Angst gewöhnlich auf die

Drüsen und steigert die körperlichen Kräfte. Dies regt das Bewusstsein des Tieres an, wenn etwa ein kleines Geschöpf seine Fertigkeit in der Tarnung genießt, in der es sich dem Blick eines größeren entzieht.

Von einer großen Robbe in der Bucht von San Francisco wurde die folgende Geschichte berichtet: Vor etlichen Jahren lebte auf den Felsen vor der Steilküste eine große Robbe. Sie war der König des Rudels, das noch heute dort lebt, und hatte – so die Erinnerung und Tradition der Menschen – diese Position schon seit hundertzwanzig Jahren inne. Eines Tages geschah es jedoch, dass ein jüngerer mächtiger Bulle, in der Blüte seiner Jahre, aus dem Süden kam und anscheinend die Vorstellung hatte, zum Rudelführer in diesem Küstenbereich berufen zu sein. Der Neuankömmling kämpfte mit dem alten König, und sie kämpften erbittert drei Tage lang, bis der ältere, von Wunden übersät, ans Ufer schwamm und starb. Solche Vorgänge bezeichnen wir Menschen als „wildblutiges Wüten der Tiernatur", doch wenn Sie dieses aus der Perspektive des innewohnenden Bewusstseins betrachten, werden Sie sehen, dass auch jener Kampf der Robben nicht ohne seine Freude war. Geschöpfe auf dieser Stufe leben mehr in der Sensation als in der Reflexion, und das Alter ist für sie nicht so erstrebenswert, wie es dem Menschen erscheint. Wenn die Kraft der Sinne des Körpers nachzulassen beginnen, folgt ihnen das Bewusstsein bald auf dem Fuß, das Tier hat also nicht länger den Anreiz, zu leben wie früher. Dass also das Bewusstsein jenes alten Robbenkönigs in einem Ausbruch von Herrlichkeit inmitten der lebendigsten Erfahrung, die dieses Tier jemals gehabt hat, den Körper verließ, war keine Angelegenheit, die an unser Mitleid zu rühren braucht, zumal es höchst unwahrscheinlich ist, dass das Geschöpf in der Erregung des Kampfes viel körperlichen Schmerz empfunden hat.

Betrachten wir den Menschen, so stellen wir fest, dass sein Leben wahrlich nicht eitel Seligkeit ist, doch der Grund dafür ist in der Tatsache zu finden, dass der Mensch beim Durchsetzen seiner neu erkannten Kräfte Disharmonie zwischen sich und der Welt erschaffen hat. Er ist es, der in seinem Genuss von *chit* das *ânanda* übersehen hat. Shiva muss ihm offenbart werden, bevor er den kindlichen Zustand des Tieres zurückerlangen kann, dessen er verlustig gegangen ist. Im Leben des Menschen müssen Vishnu und Brahmâ wieder Freunde werden, und in ihrer Vereinigung wird Shiva sein.

Der Gedanke, dass Harmonie zwischen dem Bewusstsein des Menschen und seiner Umwelt eine der großen Wirklichkeiten des Lebens ist, ist in der westlichen Welt nicht sehr verbreitet. Selbst Menschen, die glauben, dass diese Welt Gottes Welt ist, halten sie meist nur für den Ort, an dem Er die Seelen, die Er erschaffen hat, zur Bewährung hält, um nach einiger Zeit zu entscheiden, welche es wert sind, erhalten zu bleiben, und welche als misslungen zu verwerfen sind. Menschen, die lediglich an die Evolution der äußeren Form glauben, denken gewöhnlich nicht, dass der menschliche Geist – auch wenn sie ihn als ein Erzeugnis der Natur betrachten – mit seinem Ursprung in Harmonie schwingt, sondern dass er sich als eine Art unerwünschter Parasit irgendwie entwickelt hat und sich als zäher Eindringling auf seinem Platz auf dem Antlitz der Natur hält. Aber die Harmonie ist trotzdem da, und sie ist etwas überaus Wundervolles, das Kind von Shiva; sie ist wie eine Wiedergeburt von Shiva, um Vishnu und Brahmâ zu vereinen.

In gewöhnlicheren Worten würde ich sagen, dass die Natur sich als Freund des Menschen erwiesen hat. Es ist wahr, dass die Natur einen Prozess des Zerfalls zeigt und alles vom Menschen Geschaffene schon bald zu Staub wird. Wäre es aber nicht so, könnte diese Welt nicht Gottes Schule für den Menschen sein. Wären unsere Behausungen unvergänglich und könnte aufgrund irgendeines seltsamen Zaubers die gleiche Nahrung wieder und wieder gegessen werden, würden nur wenige Menschen arbeiten, um Neues zu erschaffen. Die Mehrarbeit, die erforderlich wäre für die Vernichtung der alten Dinge, die die Erde verstopften, würde eine zusätzliche

Entmutigung für jene wenigen bedeuten, die bereit wären zu arbeiten, um etwas Neues zu schaffen. Der Mensch hätte nur wenig Anreiz, seine Kräfte des Denkens oder Willens einzusetzen. Die Natur hat das Leben für den Menschen nicht zu leicht gemacht – doch andererseits hat sie es ihm auch nicht zu schwer gemacht, sondern ihm immer Erfahrungen solcher Art präsentiert, die das Wachstum von bewussten Kräften wie den seinen begünstigen. Diese Tatsache bezeugt der Mensch selbst, der durch die aktive Nutzung seiner Fähigkeiten im Laufe der Zeit gereift und gewachsen ist und weiter in eine noch größere Zukunft voranschreitet.

In einer der *Upanishaden* steht eine kuriose Definition des Menschen: Er sei das Wesen, das sowohl mächtig als auch machtlos ist, sowohl unwissend als auch weise. Vergleicht man ihn in seinem natürlichen Zustand mit irgendeiner anderen Kreatur, wird seine Hilflosigkeit und Unwissenheit besonders deutlich! Er hat von Natur aus keine ausreichende Kleidung noch Waffen, die diese Bezeichnung verdienten. Er ist auch weder ein schneller Läufer noch geflügelt, um seinen Feinden zu entkommen; er hat nicht das natürliche Wissen des Instinkts, das anderen Geschöpfen sagt, was ihnen zur Nahrung dient und was Gift für sie ist, wer ihnen Freund und wer ihr Feind ist und wie man ein Zuhause bereitet. Der von Natur aus unbekleidete Mensch lernte, von seiner Intelligenz Gebrauch zu machen, und so hat er sich selbst die Kleidung ersonnen und erschaffen, mit der er in jedem Klima leben kann, und er hat gelernt, Waffen und Werkzeuge zu fertigen und trägt nun die Krone eines Herrn der Welt.

Der primitive Mensch mag sich über seine Unzulänglichkeiten beschwert und um ihre Beseitigung zu Gott gebetet haben, doch der intelligente Mensch – der gleiche Mensch in einer neuen Inkarnation – blickt zurück und dankt Gott für die Chancen, die ihm geschenkt, und für die Ehre, die ihm zuteil wurden, dass er sich im Laufe der Zeiten den Rang als ein göttliches Wesen erwerben konnte, den er sich selbst erschuf durch eigene Arbeit und Leistung, statt nur ein materielles Ding zu sein, durch Kräfte von außen geformt. Nun nimmt der Mensch die Harmonie zwischen sich und seiner Umgebung wahr und erkennt, dass die Welt schon immer Freund des Menschen gewesen ist – nicht ein sentimentaler Freund, sondern ein Freund in der Not und in der Tat.

Weil der Mensch zur göttlichen Seite der Dinge gehört, nicht zur materiellen, entwickelt und entfaltet er sich auf diese Weise, wobei er ein immer größeres Maß der göttlichen Kräfte für sich gewinnt. Gott hilft ihm dabei durch Seine Gegenwart als Prinzip der Harmonie. Er ist allmächtig, doch es gibt einige Dinge, die Er nicht tun kann. Er kann zum Beispiel nicht einen großen Zwerg erschaffen oder einen quadratischen Kreis, denn wenn jenes Geschöpf groß wäre, handelte es sich nicht um einen Zwerg, und wenn die Form quadratisch wäre, könnte sie kein Kreis sein. Und so konnte Er auch keinen abhängigen Willen erschaffen, denn ein Wille, der nicht unabhängig ist, kann kein Wille sein. Daher erkennt Er die Göttlichkeit des Menschen durch dieses gewaltige Arrangement zur Evolution seines Bewusstseins und dessen Kräfte an; der Mensch ist wahrhaftig selbst-existent, selbst-erschaffen und göttlich, jetzt und allezeit.

Diese Harmonie zwischen *chit* und *sat* in unserer Welt der Erfahrung ist *mâyâ,* was häufig als Illusion übersetzt und verstanden wird. Sie ist nicht Illusion, weil sie in irgendeiner Weise unwirklich ist, sondern weil sie für das Leben selbst gehalten und als das wahre Leben missverstanden wird, das wiederum *ânanda* ist. Daher sagen die Schriften, dass der Mensch, um frei zu werden, selbst dieser Harmonie entkommen muss, sobald die Evolution seines Bewusstseins vollendet ist, und dass er zerstören muss, was zuweilen die Verbindung zwischen dem Sehenden und dem Gesehenen genannt wird, um danach in seinem eigenen Zustand zu bleiben. Dieser Zustand ist *ânanda,* und ist auch *kaivalya,* der Zustand des Einsseins, denn die Einheit von Shiva wird niemals gestört, nicht einmal durch die Anwesenheit von Vishnu und Brahmâ.

In der *Bhagavad-Gita* nennt Krishna diese Harmonie auch seine *daivî-prakriti.*[7] In der gewöhnlichen Sprache wird das Wort *Leben* korrekt gebraucht, um das Wechselspiel darzustellen, das *mâyâ* ist, wenn die Menschen mit ›Leben‹ nicht das *chit* in sich noch die Energie der Natur im Äußeren meinen, sondern die harmonische Interaktion der beiden, an welcher sowohl das Innere als auch das Äußere beteiligt sind. Sobald man Philosophisches formuliert und schreibt, denken die Menschen, dass mit Worten wie ›Leben‹ zwangsläufig etwas Neues gemeint sein müsse, doch in diesem Fall trifft dies überhaupt nicht zu. Jenes Leben ist nur deshalb *mâyâ* (Illusion), weil es nicht das wahre Leben, nämlich *ânanda* (Seligkeit) ist, das Leben von Shiva selbst, sondern nur dessen Wiedergeburt – die Reflexion Seines Einsseins – in dieser Dualität.

Um die gleichen grundlegenden Wahrheiten geht es in der *Bhagavad-Gita* wieder in Kapitel 8, in dem Krishna von den vier Unterteilungen von Wirklichkeit – *adhyâtmâ, adhidaiva, adhibhuta* und *adhiyajna* – spricht. Der erste dieser Begriffe steht für Shiva jenseits der achtfachen Manifestation. Die beiden nächsten Wörter stehen für die großen aktiven und passiven Prinzipien, das göttliche und das materielle, die „gleich Zwillingen nebeneinander" sind (um einen Ausdruck zu verwenden, der in *Die Stimme der Stille* in einem anderen Zusammenhang gebraucht wird).[8] Das vierte bezieht sich auf „Mich hier in dem Körper"; es ist das Prinzip des Opfers (engl. *sacrifice),* welches das Leben als Wechselspiel zwischen *chit* und *sat* möglich macht. Das lateinische Wort *sacrificare* bedeutet „heiligen, heilig machen". Das Opfer in der Welt ist in der Art und Weise zu sehen, wie Bewusstsein und Materie einander dienen in dem, was wir Leben nennen, sowie darin, wie stets eine Kreatur – unfreiwillig oder freiwillig – an eine andere abgibt, so dass alle ein geordnetes Ganzes werden und somit geheiligt sind.

[7] glänzende uranfängliche Materie (Anm.d.Ü.)
[8] Satteldorf ²1998, S.40

Es gibt keine Bewegung ohne dieses Opfer; deshalb heißt es, Gott ist Bewegung. Eine andere Möglichkeit, die niederen drei der vier Begriffe zu verstehen, ist in den Formen von Raum, Zeit und Bewegung. Raum ist verbunden mit der materiellen Seite der Dinge, Zeit mit Bewusstsein, und Bewegung repräsentiert die Gottheit, das *adhyâtmâ*. Einige Sophisten brachten in der Vergangenheit ein amüsantes Argument vor: Kein Objekt könne sich jemals bewegen, denn „es kann sich nicht in dem Raum bewegen, in dem es ist, und gewiss kann es sich nicht in dem Raum bewegen, wo es nicht ist". Gäbe es nichts anderes als Materie, könnte es sich natürlich nicht bewegen. Doch wissen wir, dass ein Gegenstand sich *von* dem Ort, an dem er ist, *zu* einem anderen Ort bewegen kann, an dem er vorher nicht gewesen ist. Dieser Ortswechsel spricht für die Existenz eines Prinzips, das die Begrenzungen des Raumes überwindet. Raum ist selbst eine Begrenzung, denn er ist nur ein Teil der Wirklichkeit, weniger als das Ganze. Bewegung im Raum offenbart Göttlichkeit.

Beim Studium des Bewusstsein stoßen wir auf eine ähnliche Schwierigkeit. Der Mensch fragt sich oft, wie es ihm möglich ist, heute das gleiche bewusste Wesen zu sein, das er gestern gewesen ist – oder vor einem Jahr, in der Kindheit oder in früheren Leben. Wie, wollen wir wissen, kann unser Bewusstsein, ein sich veränderndes Ding, sowohl etwas sein, das es war, als auch das, was es jetzt gerade ist? Dies ist möglich, weil das Prinzip der Bewegung über und außerhalb der Zeit steht, die die Begrenzung des Bewusstseins ist. Raum gehört zum passiven Prinzip, Zeit gehört zum aktiven Prinzip – und Bewegung ist göttlich, ein Attribut Shivas.

Wir haben in unserer Zusammensetzung nicht nur Materie in Form des Körpers, begrenzt im Räumlichen, und Bewusstsein mit seinen drei Kräften, begrenzt in der Zeit – da ist auch Gott, niemals abwesend und jene Begrenzungen von Zeit und Raum jederzeit transzendierend. Diesen Gott in uns, welcher eines in allem ist, nennen wir „Ich". Aus diesem Grund sagt Krishna wiederholt, dass der Mensch, der die Vollendung erlangt und die Wahrheit erkannt hat, „zu mir kommen wird". Wenn Krishna „ich" sagt, meint er auch das „Ich" in der Person, die er anspricht. Es gibt nur ein „Ich", und der Mensch, der es in sich findet, wird es in allen/m (er)kennen.

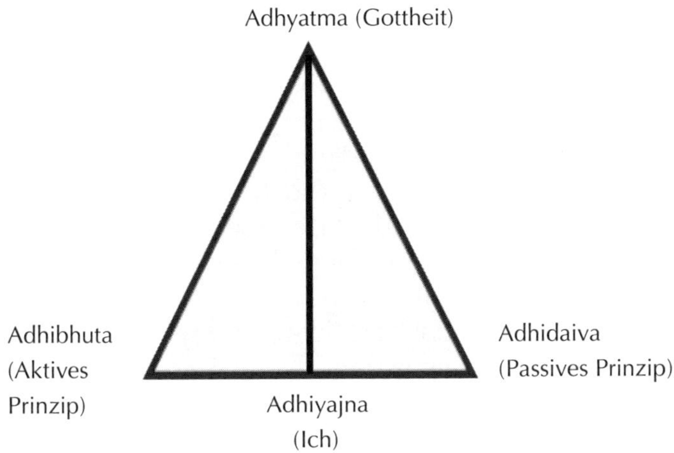

Kapitel 9

Die sieben Prinzipien

Da es drei Aspekte des Bewusstseins, drei Bestandteile des materiellen Seins und die Harmonie zwischen ihnen gibt – welche *mâyâ* ist –, existieren in der ganzen Welt des menschlichen Erlebens sieben grundlegende Wirklichkeiten, nicht mehr und nicht weniger. Diese sieben sind nicht von drei Aspekten in unserem System der *mâyâ* oder des Lebens abgeleitet, denn dieses ist nur Teil eines größeren Systems, in dem die sieben bereits existierten. Indem er aus seinem siebenfältigen Selbst seine Trinität schuf, leiht Shiva gewissermaßen drei von den sieben Aspekten an Brahmâ und drei weitere an Vishnu; das siebte, *ânanda,* behielt er für sich selbst.

Wir werden sehen, dass jene sieben vollkommen gleichwertig sind; keines von ihnen entstand aus einer Mischung oder Kombination der anderen. Sie werden zu Recht Prinzipien genannt, das heißt erste Dinge. Wenn wir sie zum Zweck der Bequemlichkeit mit Nummern benennen, so sind diese Zahlen willkürliche Bezeichnungen und geben keinesfalls eine Rangfolge oder tatsächliche Verhältnisse zwischen jenen Prinzipien wieder. Wenn wir sie mit Hilfe von Diagrammen veranschaulichen, geschieht dies nur aus mnemotechnischen Erwägungen; die mathematischen oder geometrischen Eigenschaften der Diagramme sollten keinesfalls den sieben Prinzipien zugeschrieben werden. Die Gefahr bei der Verwendung solcher Diagramme ist doch, dass diese selbst zu einem Prinzip gehören und deshalb die Neigung haben, dass die anderen aus der Perspektive dieses einen gesehen werden; so wird die wahre Natur der anderen verdeckt oder verfälscht.

Die erste Graphik in diesem Kapitel bedarf einer kurzen Erklärung, da es die einander überschneidenden Dreiecke zeigt. Dies ist die beste Darstellung der Sieben, und ich habe die Ziffern 1-7 eingesetzt, um sie zu benennen. Das nach oben zeigende Dreiecke ist *chit,* das nach unten zeigende Dreieck ist *sat,* und das Ganze zeigt symbolisch, wie sich die sieben gleichrangigen Prinzipien – die man auch als die sieben Prinzipien Gottes bezeichnen mag – durch zwei verwandte Trinitäten Ausdruck verleihen; sie sind in dem Schema neben der Graphik aufgelistet.

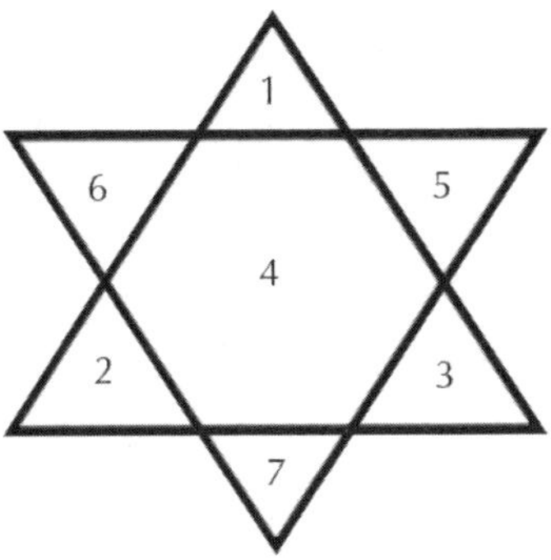

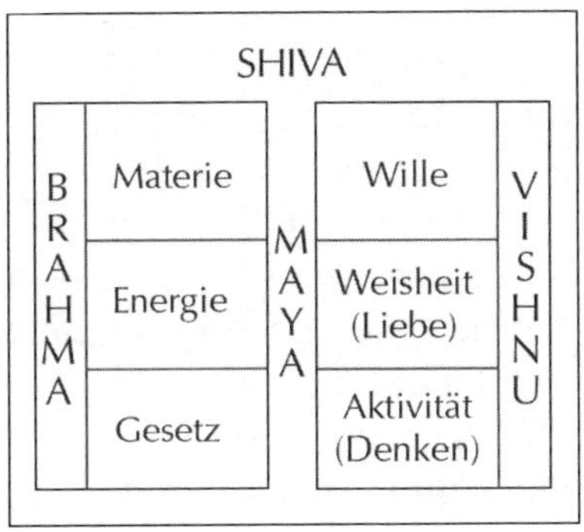

Die zweite Graphik zeigt, wie die sieben Prinzipien in der großen Trinität verteilt sind; man hüte sich jedoch vor dem Gedanken, dass die Anordnung der Bezeichnungen irgendeine Rangordnung andeute.

Prinzipien	Qualitäten Gottes und Ideale des Menschen
1. Ichchhâ	Freiheit
2. Jnâna	Einheit
3. Kriyâ	Einsicht
4. Mâyâ	Harmonie
5. Sattva	Wahrheit
6. Rajas	Güte
7. Tamas	Schönheit

Auf dem langen Weg zur Seligkeit geht jeder in seiner Evolution über drei Stufen – zuerst durch das Stadium des *sat,* dann das von *chit* und schließlich *ânanda.* Darum streben alle Wesen nach Seligkeit, und die sieben Prinzipien, die deren Leben in der Welt antreiben, sind nur Mittel zu diesem Zweck. Selbst Liebe, die innerste Essenz des Bewusstseins, verschwindet darin.

Der Mensch, der sich in seiner derzeitigen Entwicklungsphase im *Chit*-Stadium aufhält, denkt sich Gott in der Natur – oder *sat* –, also außerhalb, und er denkt sich Gott im Bewusstsein – oder *chit* –, als in seinem Inneren, doch in Wirklichkeit ist Er im Inneren und im Äußeren gleichermaßen gegenwärtig. In der Praxis suchen die Menschen ihr Glück in diesen beiden Sphären, das heißt manche suchen, was sie für das Größte im Leben halten, indem sie „nach innen gehen", während andere ihre wahren Ziele im Leben verfolgen, indem sie „unerschrocken nach außen" gehen. Im Grunde ist jeder eifrig darauf bedacht, eines der sieben Ideale zu erreichen – eines mehr als die anderen sechs. Die oben aufgelisteten Prinzipien Gottes werden so zu den Idealen der Menschen. Doch da jeder Mensch zu Shiva gehört, wirken auch bei ihm alle sieben Prinzipien und verbinden sein Bewusstsein mit allen sieben Grund-Wirklichkeiten des Lebens. Doch anders als bei Shiva, wirken sie beim

Menschen nicht gleichmäßig, immer ist eines stärker als die anderen. Dieses eine, stärker vertretene Prinzip wird als der Strahl einer Person bezeichnet. Alle universellen Prinzipien wirken zwar ständig auf alle Menschen ein, doch jeder Mensch spricht in erster Linie auf das seines eigenen Strahls an, welches dann sein größtes Ideal im Leben wird und sein Bewusstsein zur größten Lebendigkeit anregen kann, die er zu erreichen vermag.

Ichchhâ ist Wille. Aus dem bereits Gesagten geht klar hervor, dass der Lebenszustand des Wesens, das sich des Willens erfreut, ein Zustand der Freiheit ist. Der Mensch, bei dem dieses Prinzip am stärksten vertreten ist, schätzt Freiheit mehr als alles andere. *Jnâna* ist, wie wir bereits gesehen haben, die Weisheit, die ein Bewusstsein in vollkommener Harmonie mit einem anderen schwingen lässt. Während Liebe sich nach immer umfassenderer Vereinigung sehnt, ist völlige Einheit – wie auch völlige Freiheit – doch nur in *ânanda* möglich. Sowohl Verstehen als auch Einsicht sind mit einer Aktivität mentaler Kraft, also mit Denken verbunden, und so sehnt sich der Mensch, dessen vorherrschendes Prinzip *kriyâ* ist, „den ganzen Plan", die Übersicht und das Zusammenhängen der Dinge zu erfassen. Im Kapitel über den vierten Strahl werde ich erklären, was den Menschen am Prinzip der Harmonie anspricht. An dieser Stelle ist lediglich zu erwähnen, dass Menschen unter dem Einfluss dieses Strahls ein Gleichgewicht zwischen dem Suchen im Inneren und dem Streben nach außen zeigen; sie fühlen sich nur glücklich, wenn sie in ihrem Leben die Gebote aus dem Inneren und die Ansprüche von außen in Übereinstimmung bringen können.

Wie bei individuellen Personen, so gibt es auch bei Menschenrassen und Nationen vorherrschende Prinzipien, und ich kann den Rest der Skala am besten illustrieren durch die Tatsache, dass die ersten drei Ideale in den frühen Phasen der Geschichte – und heute noch in Indien – die stärkste Wirkung ausübten. Menschen, die entsprechend dem dominierenden Einfluss dieser drei Strahlen Gott im Inneren suchen – wie sie selbst es ausdrücken würden – finden wir vor allem in den berühmten Yoga-Traditionen von Patanjali, Krishna und Shankarâchârya. Wenden wir uns der zeitlichen Mitte in der Evolution der indo-europäischen Kultur zu, dem antiken Griechenland, so stoßen wir wieder auf das Prinzip der Harmonie, das hier die größte Anziehungskraft besaß. Die Weisen begannen gewissermaßen, die Menschen zu einem *sat*-Gottesbild zu bekehren, und ihr zunehmender seelischer Hunger führte die Menschen zur Wiederentdeckung Gottes im Wahren, Schönen und Guten in der äußeren Welt.

Diese drei Modalitäten des äußeren Forschens korrespondieren mit jenen des nach innen gerichteten Suchens, denn es gibt eine Entsprechung oder Ähnlichkeit zwischen Gott im Äußeren und Gott im Inneren, zwischen Gott in der Natur und Gott im Bewusstsein. Diese erscheint zwischen *ichchhâ* und *tamas,* also zwischen dem Willen im Bewusstsein und der Stabilität in den Dingen. Wille ist die Stabilität des Bewusstseins, und Materialität ist gewissermaßen der Eigenwille der Dinge, Standhaftigkeit, *tamas.* Wie weiter unten noch ausführlicher erklärt werden soll, ist dies Schönheit, das ewige Gleichgewicht und die Ausgeglichenheit von vollkommenen materiellen Dingen, sei es in Ruhe oder in Bewegung.

Wie *tamas* mit *ichchhâ* korrespondiert, so auch *rajas* mit *jnâna.* Im Menschen ist letzteres Liebe, die Energie des Bewusstseins oder das Interesse, welches die vielen lebendigen Wesen zusammenbringt und hält; ersteres zeigt sich im Menschen als Begehren, das alle Dinge zusammenträgt und nach universeller Fülle strebt. Das Gute als Gottesideal veranlasst den Menschen, seinen Gott in oder hinter der Natur als den Geber aller Gaben zu suchen; Gott wird verehrt wie in der Gegenwart von guten Dingen.

Die Beziehung zwischen *kriyâ* und *sattva* ist jene zwischen Denken und den Gesetzen der Natur, welche die Wahrheit über die Dinge bilden. Der Mensch, der die Wahrheit durch Erforschung der Welt sucht, fühlt, dass es in ihr Wahrheit oder Wirklichkeit gibt, welche die Basis oder Substanz aller Dinge ist, vor der sich alle verneigen sollten.

Das Vorherrschen der letzten drei Ideale in den späteren indo-europäischen Kulturen hat jene drei großen Formen der Anbetung Gottes in *sat* oder der Natur in den Vordergrund des Lebens gerückt, welche gemeinhin Wissenschaft, Frömmigkeit und Kunst genannt werden. Sollte es in Bezug auf die zweite von ihnen irgendeine Unklarheit geben, sei daran erinnert, dass sich die Angehörigen der europäischen Nationen an ihren Andachtsstätten vor Gott beugen, Ihn als den Eigner und Spender aller guten Dinge verehren und Ihn vor allem für das wertschätzen, was sie Seine Güte nennen.

Die Entsprechungen zwischen den nach innen und den nach außen suchenden Wegen, die sie jeweils regierenden Ideale und ihre Ausdrucksformen in menschlichen Angelegenheiten zeigt folgende Darstellung:

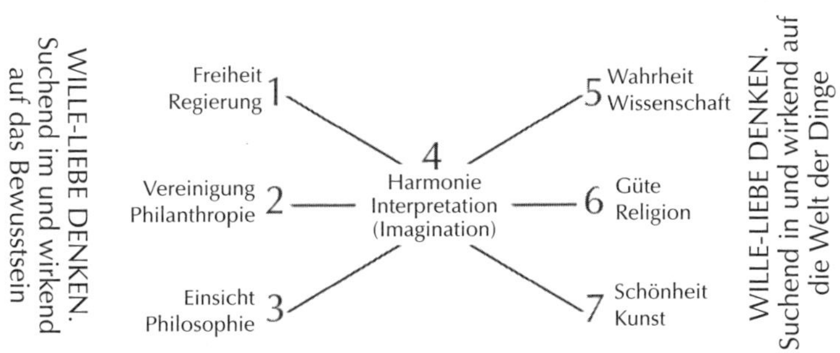

Kapitel 10
Zusammenhänge

Ich habe bereits erklärt, dass Shiva eins ist und seine Einheit nicht durch die Anwesenheit von Vishnu oder Brahmâ beeinträchtigt wird, die in ihm existieren und je dreifach sind. Shiva ist im Grunde auch siebenfach, wie ich bereits dargelegt habe. Das Prinzip, das er bewahrt, wird manchmal als die Synthese der anderen sechs bezeichnet, doch es ist tatsächlich das Eine Prinzip, das nicht aus einer Kombination oder Verbindung der anderen besteht, sondern selbst der Ursprung ist, aus dem die anderen abgeleitet werden.

Vishnu und Brahmâ existieren Seite an Seite durch das ganze Zeitalter der Manifestation oder den Tag Brahmâs und werden von Shiva durch sein *yoga-mâyâ* in Harmonie gehalten. Die Beziehungen zwischen diesen Dreien illustriert die Graphik auf der folgenden Seite.

Shiva berührt durch seine *mâyâ* alle sechs Prinzipien, bleibt dabei jedoch selbst das eine *ânanda*.

Vishnu wendet sich durch *ichchhâ* zu Shiva und kontaktiert Brahmâ durch *kriyâ,* in sich selbst bleibt er jedoch *jnâna,* Liebe, das universelle Bewusstsein oder Herz.

Brahmâ wendet sich zu Vishnu durch *rajas,* und zu Shiva durch *tamas,* in sich selbst bleibt er jedoch *sattva,* Gesetz, oder das universelle Denken oder die Welt der Ideen.

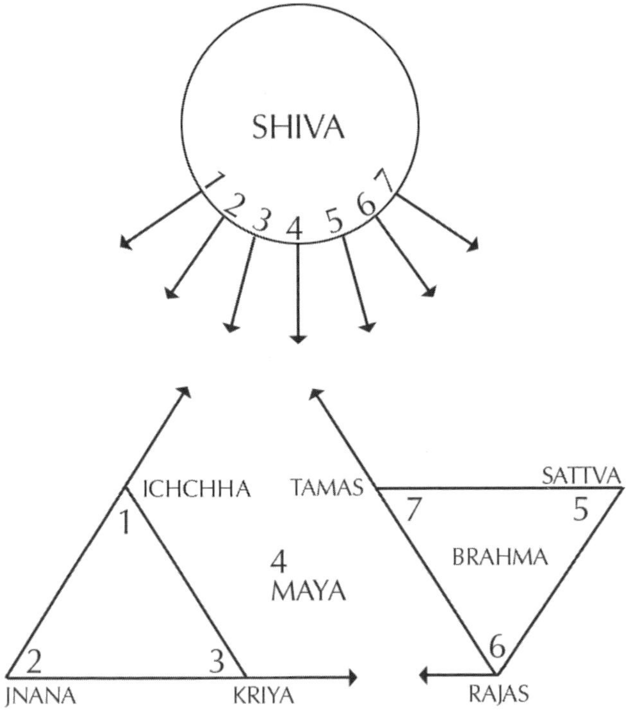

Man könnte jedes Menschen Bewusstsein auch als „eine Portion Vishnu" bezeichnen. Es ist im Grunde ein Stück *Wissen* – um diesen unangenehmen, aber nützlichen Begriff zu verwenden. Es ist auch ein Stück *Freuen* und ein Stück *Sein.* Es ist ein nicht getrennter Funke der einen Flamme. Die gleiche Aussage aus der Perspektive von außen lautete zum Beispiel: Jeder hat einen Anteil von der ursprünglichen Kraft. Dies gilt selbst in materieller Hinsicht – denn wenn alle materiellen Objekte einander beeinflussen, dann ist keines *ausschließlich* beeinflusst, und jedes ist selbst ein beeinflussendes. Sogar im Hinblick auf die Schwerkraft trifft dies zu, denn indem wir auf der Erde wandeln, üben wir durch unseren Kontakt eine eigene bewegte, fließende Kraft auf sie aus. Doch im gleichen Maße, in dem wir in einer Beziehung mit anderen Objekten stehen, üben wir nicht nur Einfluss aus, sondern nehmen zugleich deren Einfluss auf uns an und setzen damit jene Interaktion in Gang, die als Karma bezeichnet wird – ein Ausgleichen von Geben und Nehmen.

Im Hinblick auf diese Urkraft ist auch zu sagen, dass sie ist, was wir wirklich sind. Dies bedeutet, dass uns jegliche Kontakte, Beziehungen und Zusammenhänge, in denen wir uns zu irgendeiner Zeit befinden, zugleich mit uns selbst in einem Zustand der partiellen Ableitung von jener Wirklichkeit konfrontieren.

Wenn man eine Partie Schach spielt, spielt man nicht Backgammon, doch man *kann* es spielen. Wenn man Kapitel 10 in einem Buch liest, liest man nicht Kapitel 15, obwohl man es *kann*. Wenn ein Schreiner einen Tisch baut, baut er nicht einen Stuhl, doch er kann solches tun. Somit gibt es in diesem Prozess der Zeit, welcher mit jedem Vorgang des menschlichen Geistes – und mit unserem Handeln nur sekundär – verbunden ist, einen Schleier, der das Antlitz der Wirklichkeit verhüllt, welche gleichwohl existiert und jederzeit bekannt und erkannt werden kann, wenn dem nicht die irrige Vorstellung im Wege steht, der begrenzte Ausdruck des Augenblicks sei man selbst.

Es gehört zur Intelligenz unseres Vorgehens, dass Denken und Handeln in unserem Tun konkurrieren, und so verlieren wird das Bewusstsein unseres Denkens nicht aus dem Sinn, weil wir mit dem Bewusstsein unseres Handelns verbunden sind. Es ist auch unsere Intelligenz, wenn wir uns während der Tätigkeiten von Denken und Körper jener ursprünglichen Kraft bewusst sind. Der Schlüssel hierzu ist erstens das glatte, reibungslose Funktionieren des Körpers – es ist das Resultat seiner Reife und seines Gehorsams, dass er sich nicht in unsinniger Aktivität aufbäumt und verliert – und zweitens das Reifen des Geistes, so dass dieser sich nicht in sinnloser oder unkluger Aktivität aufbäumt und verliert, sondern in einem Zustand der Aufmerksamkeit auf die ursprüngliche Kraft lebt, welche der Dichter meinte, als er schrieb: „Ich handele nur recht, wenn ich gehorche."

Doch dies war ein mentaler Weg, das Erleben zu betrachten, denn der weise Seher im Inneren ist man selbst, und damit ist der so genannte Gehorsam tatsächlich vollkommene Freiheit. Könnte der Körper denken und sprechen, würde er dann nicht sagen, dass er sich wirklich als sich selbst fühlt, wenn er aus der Kraft handelt, die ihn formte und die ihm seine Einheit und Zusammenhalt gab, und er, wenn er gegen seinen Schöpfer rebellierte, schon allein durch dieses Verhalten seinen Zusammenhalt und sich selbst verlöre? In der Friedlichkeit des Geistes aber, in der Harmonie des Geistes, in der Reife des Geistes ist er am meisten er selbst, wenn er auf die ursprüngliche spirituelle Kraft des Menschen anspricht, welche ein Funke ist – ein Funke von Vishnu, ein Stück von dem ursprünglichen Wissen, Sein und Freuen.

Weil Vishnu (oder der Christus) das Herz des menschlichen Geistes ist, finden wir im Laufe unserer Entwicklung, dass wir *das Wissen sind* von Sein und Freude. Später werden wir zweifellos zu Shiva (oder dem Vater) aufsteigen und die Freude von Wissen und Sein werden. Dann wird ein Freuen sein, dass Bewusstsein vielleicht nicht das richtige Wort dafür ist. Der Leser möge bitte selbst über das nachsinnen, was nicht in Worte zu fassen ist.

Kehren wir nun zu den Tätigkeiten unseres gewöhnlichen Lebens zurück und nehmen wir uns vor, zumindest gedanklich anzuerkennen, dass wir die ursprüngliche Kraft sind. Zu keiner Zeit gibt es ein Objekt, das wir wirklich genießen – außer das wirkliche Selbst. Wir sprechen vielleicht davon, dies oder jenes zu genießen – „Ich genieße Eiscreme“ –, tatsächlich aber genießen wir nicht die Eiscreme, noch auch nur den Geschmack von Eiscreme, sondern allein unser Bewusstsein vom Geschmack der Eiscreme.

Es hat etwas mit dem kaleidoskopischen Wirken von Shivas Willen zu tun, dass dieses Genießen in jedem von uns sein sollte, besonders verbunden mit einem der sieben Strahlen. Auch wenn alle sieben Prinzipien untrennbar und in jedem Menschen vorhanden sind, wird dasjenige, das am stärksten in seiner Natur vertreten ist, „sein Strahl" genannt. Deshalb ist der [dominierende] Strahl eines Menschen nicht nur keine materielle Sache, sondern auch nicht einmal eine Unterscheidung im Bewusstsein, sondern er gehört zu ihm in seinem Verhältnis zu Shiva. Er kann deshalb niemals *gesehen* werden, weil Sehen einer der Sinne ist – wie hoch die Bewusstseinsstufe des Individuums auch sein mag –, und Gegenstand des Sehsinnes sind immer die Gunas *sattva, rajas* und *tamas*. Bewusstsein ist niemals *sichtbar,* und viel weniger *wahres Leben, ânanda*. Doch wenn ein Mensch offensichtlich auf einem bestimmten Gebiet arbeitet und über die für seine Vehikel und Zwecke geeigneten Typen von Materie (Leben in der Phase von *sat)* verfügt, mag man daraus folgern, dass wahrscheinlich sein Strahl die Wahl seiner Tätigkeit gelenkt und die Charakteristika seines Körpers mitbestimmt hat.

Wenn wir vom Strahl eines Menschen sprechen und also an sein vorherrschendes Prinzip denken, wollen wir nicht die Tatsache vergessen, dass er alle die anderen Prinzipien ebenfalls in sich trägt – und ferner, dass wir unter einem Menschen denjenigen verstehen, der zumindest in einem solchen Maße Herr seiner selbst ist, dass seine Lebensführung seinem Bewusstsein entspringt und sein Leben nicht nur eine Reihe von Reflexhandlungen oder folgsamen Reaktionen auf Umgebungsreize ist. Der Mensch, von dem wir sprechen, ist positiv/aktiv, nicht in *sat* untergetaucht und von diesem überwältigt, wie es die noch unentwickelten Menschen sind. Er macht Gebrauch von seinen Kräften des Denkens, um Wahrheit zu entdecken, und des Fühlens, um das Gute in den Dingen zu entdecken, und des Willens in seiner Arbeit, um Schönheit zu finden und zu offenbaren. Alle diese Aktivitäten unterscheiden sich deutlich von der Beflissenheit und Negativität jenes „embryonischen" Menschen, der nicht einem Ziel lebt, sondern sich eitlem, sorglosem und eigensüchtigem Vergnügen hingibt.

Bei Tieren sind die Strahlen deutlicher zu erkennen als im Falle vieler Menschen; Tiere sind weniger komplex, und der

Grund dafür ist, dass es in einem sehr realen und natürlichen Sinne einen Sündenfall gegeben hat. Mit der Entwicklung seiner mentalen Kräfte hat der Mensch sich selbst eine Mixtur von Karma geschaffen und sich so vielen Einflüssen ausgeliefert, dass sein tiefes spirituelles Verlangen gewöhnlich überlagert und selbst vor seinem eigenen Blick verschleiert ist. Doch wenn jemand die Geschicklichkeit und Geduld aufbrächte, diesen gewöhnlichen Menschen zu analysieren, könnte er feststellen, dass eines seiner Prinzipien stärker ausgeprägt ist als die anderen, und dass es seine Seelenkräfte zu seinem universellen Aspekt führt.

Bei einem Menschen von Charakter – der nicht Sklave seines eigenen Körpers oder der persönlichen Emotionen ist, die mit diesem Körper verknüpft sind, oder den fixen Ideen erliegt, die er sich selbst angeeignet hat, sondern der wirklich einiges an aktivem Willen oder Liebe oder Denken aufweist, kann man den Strahl verhältnismäßig einfach feststellen. Zu diesem Zweck gibt es bestimmte Fragen, die er sich stellen kann und die ihm helfen werden, seinen Strahl selbst zu entdecken; ihre Besprechung bleibt jedoch den Kapiteln mit der ausführlichen Darstellung der einzelnen Strahlen vorbehalten.

Im gewöhnlichen Leben der Menschen scheinen die Strahlen durch die folgenden allgemeinen Typen:

1. der Mensch des Willens, der Freiheit sucht durch Meisterung seiner selbst und seiner Umgebung: der Herrscher
2. der Mensch der Liebe, der Einheit sucht durch Sympathie: der Philanthrop
3. der Mensch des Denkens, der Einsicht sucht durch das Studium des Lebens: der Philosoph
4. der Mensch der Imagination, der Harmonie sucht auf dreifache Weise: der Magier, der Schauspieler und der Künstler oder Dichter
5. der Mensch des Denkens, der Wahrheit in der Welt sucht: der Wissenschaftler

6. der Mensch der Liebe, der Gott sucht als das Gute in der Welt: der Sich-Hingebende, der Fromme
7. der Mensch des Willens, der die Schönheit sucht, die Gott in der Welt ist: der Künstler und Handwerker

Die Ausdrucksformen und Aktivitäten dieser recht allgemein formulierten Typen sind sehr unterschiedlich. In ihrer spezielleren Beschreibung in Teil Zwei wird zu sehen sein, dass sie jeweils jene Charakteristika einschließen, die den Strahlen in den verschiedenen einschlägigen Auflistungen zugeschrieben worden sind.

Vor Beendigung von Teil Eins dieses Buches sollte ich erklären, warum ich Bildersprache und Begriffe aus der Sanskrit-Literatur verwendet habe anstatt anderer. Dies geschah zum einen, weil ich selbst diese Wahrheiten in jenen Begriffen kennengelernt habe. Zweitens, weil es – wie in der modernen Wissenschaft und Technik – wünschenswert ist, für neue Ideen neue Wörter zu gebrauchen, und die Sanskrit-Wörter sind hierzu am besten geeignet. Die zugrundeliegenden Wahrheiten aber sind weltweit, und die Sprache, die wir für sie gebrauchen, spielt keine Rolle – und so mögen Christen zum Beispiel anstelle von Shiva, Vishnu und Brahmâ, falls sie dies wünschen, „Vater, Sohn und Heiliger Geist" lesen.

Teil II
Die sieben Strahlen

Es gibt sieben Hauptgruppen von ... Dhyan Chohans, und diese Gruppen werden in jeder Religion zu finden und zu erkennen sein, denn sie sind die ursprünglichen sieben Strahlen. Die Menschheit, so lehrt uns die Esoterik, ist in sieben verschiedene Gruppen unterteilt.

Die Geheimlehre

Kapitel 11

Der erste Strahl

„Selbstbeherrschung oder Selbstständigkeit", sagte der Manu, „ist Seligkeit; Beherrschung durch andere ist Elend." Diese Denkweise passt zu einem Menschen vom ersten Strahl, denn dieser ist der erste der drei Strahlen der Unabhängigkeit und Intuition. Ein moderner Staatsmann fasste das gleiche Empfinden in andere Worte: „Selbstverwaltung ist besser als gute Verwaltung."

Menschen unter der Dominanz eines der ersten drei Strahlen werden als unabhängig beschrieben, weil sie die Welt nicht als ihren Lehrer, als großzügige Mutter oder als schönes Zuhause betrachten, sondern als ein Reich voller Abenteuer für den mutigen Willen, das fröhliche Herz oder den engagierten Geist, in das man gekommen ist wie aus einem fernen Land, um große Taten zu vollbringen. Ein solcher Mensch ist tatendurstig. Er wartet nicht auf Ereignisse und Impulse von außen, sondern neigt dazu, alles als Teile eines Spieles zu behandeln – und manchmal ohne den gehörigen Respekt –, das er gerade spielt, als Bausteine für einen Plan, den er zur Ausführung bringt. Er gilt als Mensch von Intuition, weil er in seinem *Spiel des Lebens* bewusst seine Fähigkeiten im Denken und Fühlen einsetzt, die durch diese Übung noch zunehmen. Er fühlt instinktiv, dass jeder echte Akt seines Willens, seiner Liebe oder seines Denken etwas Neues in die Welt bringt, und ist in diesem Sinne kreativ. Dies bedeutet nicht, dass das so Erschaffene von irgendeinem bleibenden Wert oder mehr als nur vorübergehend nützlich sei, sondern dass es eine Freude ist, das Wirken seines Bewusstseins zu spüren, so natürlich, wie sich ein Vogel im Flug fühlt. Er verlangt im Willen, mehr sich selbst zu spüren, im Herzen, mehr das Leben zu spüren und im Denken, mehr die Dinge zu spüren – er sucht sein Glück in jenen Angelegenheiten des inneren Bewusstseins und nutzt sein Leben dafür, während andere mit ihrer Kraft und Fertigkeit im Denken, Wollen oder Fühlen auf die große Welt im Äußeren warten und aus der Führung lernen, welche die Natur ihnen gibt.

Beide Wege, der innere und der äußere, führen zu dem gleichen Ergebnis – zu einer Weitung des ganzen inneren und äußeren Lebens. Während der Mensch das Göttliche in der Natur sucht, wirken deren Schönheit, Fülle und Wahrheit auf ihn ein und entwickeln seine Seelenkräfte. Wenn er versucht, den Kräften freies Spiel zu lassen, die er in sich fühlt, stellt er fest, dass dies nur möglich ist, indem er sie zur Verbesserung der äußeren Welt nutzt. Deshalb zieht sich jeder Mensch in Wirklichkeit nach innen zurück und gelangt dabei gleichzeitig weiter nach außen.

Beim Menschen des Willens und des ersten Strahls ist „Selbstverwaltung“ der wichtigste Schlüssel. Falls Sie zu diesem Strahl gehören, wird Ihr Ichgefühl stark sein – und wenn Sie nicht auch in anderer Hinsicht weit fortgeschritten sind, kann es sogar unangenehm sein – und dazu neigen, Ihnen eine Stabilität inmitten von Dingen und Ereignissen zu schenken, die kaum etwas erschüttern oder verändern kann. Sie zeigen die Tendenz zum entschlossenen Handeln und den Mut, sich dem Leben als einem Abenteuer zu stellen und nicht auszuweichen oder auf halbem Wege stehen zu bleiben. Dies kann keine Sturheit sein, die sich an irgendeine Idee, ein Gefühl oder einen Standpunkt, einen Ort oder eine Sache klammert, sondern birgt bereits aufgrund Ihrer Natur eine Flexibilität und Neuheit, denn es ist eine Kraft, nicht eine Rolle oder Pose.

Falls diese Züge bei Ihnen sehr stark ausgeprägt sind, wird es für Sie nirgendwo auf der weiten Welt ein „Zuhause“

geben, vielmehr wird die Würde Ihres eigenen Selbst das Zentrum und den Schwerpunkt Ihres Daseins bilden. Hierbei handelt es sich nicht um eine äußere Würde, die sich auf die Anerkennung durch andere stützt oder sich um diese bemüht – solches Arbeiten ist ein Zeichen der Abhängigkeit von Äußerlichem –, sondern um ein deutliches Empfinden von dem wahren Status des Menschen und dem eigenen Wesen, das entsetzt zurückschaudert vor dem fremden Einfluss aufdringlicher Ereignisse oder Personen, die den heiligen Schrein berühren könnten. Da niemand Schönheit wahrnehmen kann, ohne sie zu bewundern – auch wenn manche sie sehen können, ohne sie wahrzunehmen –, und da keiner Wahrheit erkennen kann, ohne sie wertzuschätzen, so vermag auch keiner, der die Berührung des Selbst im Inneren fühlt, jemals etwas anderes zu sein als ein eifriger Priester an seinem heiligen Schrein.

Diese Würde ist von Stolz weit entfernt; ein solcher Mensch ist zu stolz, um eitel zu sein. Seine Würde erwächst nicht aus einem Gefühl von Überlegenheit, und sie vergleicht sich nicht mit anderen; es gibt kein Kräftemessen. Man ist willens, mit anderen Menschen auf gleichberechtigter Basis eins zu sein und begrüßt Gott und den Bettler gleichermaßen mit Ehrerbietung *(namaskâra)*. Man ist nicht so sehr interessiert an dem, was man ist, als daran, dass man ist. Vor allem aber ist man ein Mensch ohne Wünsche, der von innen heraus lebt.

Infolge des Einflusses dieser lebendigen Kraft auf das Leben des Menschen ist das Ideal dieses Strahles Unabhängigkeit und ein selbstbestimmtes Leben, frei von den Beschränkungen aus der Umgebung. Ferner stellen wir eine Neigung fest, die Umstände selbst zu kontrollieren und einen Weg zu finden, sie mit den eigenen Plänen in Übereinstimmung zu bringen. Im Schachspiel des Lebens wird ein Mensch dieses Typs jederzeit eine eigene, weitreichende Angriffsstrategie haben und die Züge seines Gegners in dem Maße ignorieren, in dem er einen Zug nach dem anderen für die Attacke nutzt, die er geplant hat. Es ist typisch für den Willen, dass er seine Ziele durch jedes mögliche Mittel zu erreichen sucht, mit anderen Worten, gedanklich ständig bei der Aufgabe zu bleiben, die er sich gestellt hat, um früher oder später gewiss einen Weg zum Ziel zu finden.

Das Empfinden seiner eigenen Göttlichkeit wird diesen Menschen manchmal veranlassen, „Ich will" zu sagen, obwohl er gar nicht weiß, wie er könnte, denn er besitzt das unfehlbare, intuitive Wissen um die Tatsache, dass sein inneres Selbst der höchste und absolute Schiedsrichter seiner eigenen Bestimmung ist, wie es auch die Grundlage seiner Stärke ist. In seinem Inneren versteht das Denken das Selbst, die Hingabe verneigt sich vor ihm, die Hände arbeiten für es, und jeder andere Teil seines Wesens liebt dieses Selbst, deshalb kann er wirklich wollen, mit seinem ganzen Leben und Sein. Dank dieser inneren Stabilität fühlt sich dieser Mensch in Unglück oder Not wie in seinem Element und betrachtet mit freundlicher Gelassenheit die Zerstörung, die sich im Reich der Natur stets ereignet. Andere Menschen sind entsetzt über die rauen Gesetze der Natur und kämpfen dagegen an, aber der Mensch des Willens sieht, dass hier – wenn auch in einem größeren Maßstab – nur die gleichen Kräfte am Wirken sind wie in ihm selbst, und sieht es mit Wohlgefallen, wie jeder Starke einen würdigen Gegner zu schätzen weiß. Er achtet den Wert von Arbeit für den Arbeiter, und wenn etwas wohl gelungen ist, fühlt er den Willen dahinter. Er registriert mit dem Gefühl des Triumphs, mit dem er die Kräfte in der Welt handhaben und beherrschen kann – wie, im kleineren Rahmen, ein erfahrener Schwimmer weiß, dass er im Wasser sicher ist, und sich auf diese Gewissheit besinnt, bevor er ins Wasser steigt. Wie für diesen das Schwimmen das Gute ist, nicht das Wasser, so ist auch jener keiner Täuschung erlegen in Bezug auf die letztliche Wertlosigkeit der äußeren Dingen. Er arbeitet nicht für die Befriedigung, irgendeine materielle Position zu erreichen und danach Ruhe oder Komfort zu genießen, deshalb vermögen ihn

Zerstörung und Versagen nicht zu deprimieren. Wenn sich eine neue Zielsetzung zeigt, ist er willens, sich zum Handeln bereit zu machen und das Alte hinter sich zu lassen oder aus dem Weg zu schieben. Möglicherweise ist er manchmal ein wenig ungeduldig gegenüber unnötigen Dingen und in Bezug auf Personen, die die anstehende Arbeit mit überflüssigen Gefühlen, Gedanken und Worten vermischen.

Er hat generell einen Plan vor Augen, und wenn dieser verwirklicht und vollendet ist, steht bereits ein nächster bereit, so zuverlässig, wie eine Brandungswelle der vorangegangenen folgt. Manchmal trifft man ihn in einer zerstörerischen Stimmung an, wenn er mit Hingabe alte Briefe und Papiere zerreißt, alte Bücher aus den Regalen entfernt, alte Möbel- und Kleidungsstücke fortwirft oder sich im Zuge einer Reise von ihnen befreit, wie ein nasser Hund sich das Wasser aus dem Fell schüttelt. Er schickt sich gerade an, auf ein neues Abenteuer zuzugehen, gewappnet mit seiner schieren Stärke, mit gespannten Muskeln und bebenden Nüstern. Jene zerstörerische Stimmung ist beim Menschen vom zweiten Strahl nicht festzustellen; er hütet und bewahrt alles, weil es von menschlicher Sorgfalt und Arbeit zeugt und etwas von der Seele und Energie seines Erschaffers verkörpert. Ich kannte einen überaus spirituellen Menschen auf dem ersten Strahl, der gebrauchte Briefumschläge aufzuschneiden und die leeren Innenseiten für seine eigenen Notizen zu verwenden pflegte – nicht weil er knauserig war, sondern weil er die Früchte menschlicher Arbeit liebte, auch wenn er selbst sein Handeln mit ökonomischen Überlegungen und einer Abneigung gegen Abfallberge begründete. Der Mensch vom dritten Strahl wird einen Gegenstand, der nicht mehr gebraucht wird, zweimal ansehen, dreimal und noch einmal – und ihn schließlich verstauen mit dem Gedanken, dass man ihn eines Tages vielleicht wieder für irgendetwas gebrauchen könnte.

Auf dem Gebiet der politischen Ökonomie ist die Zeit für den Menschen des Willens noch nicht gekommen; wenn sie aber erst da ist, wird man sehen, dass er den Verbraucher nicht weniger respektiert als den Erzeuger. Doch er könnte – mit etwas gröberen Worten verdeutlicht – sagen, dass man die Menschen dafür bezahlen sollte, dass sie die produzierten Nahrungsmittel und anderen Waren konsumieren und verbrauchen, wie man ja auch diejenigen bezahlt, die sie kultivieren und herstellen. Wenn jedoch eines Tages die seinem Ideal entsprechende Art von Anarchie einmal erreicht ist – in ferner Zukunft, wenn die Menschheit die Lektion der Brüderlichkeit gelernt hat –, wird für niemanden mehr irgendeine Bezahlung notwendig sein.

Das Selbst ist heilig. Deshalb ist es kein Wunder, dass Menschen ihre Persönlichkeiten hochachten – wenn diese alles sind, was sie von ihrem Selbst kennen – und dass persönliche Kränkung und Lächerlichkeit die schlimmste Pein für jene sind, die das Selbst im Inneren noch nicht sehr klar gefühlt haben. Doch es ist auch keine sinnvolle und gute Vorgehensweise, die Persönlichkeit im Leben zu verachten, denn die Gottheit hinter dem Götzenbild ist real, und wenn dieses vorübergehend in die Rolle des Teufels oder des Narren schlüpft, bezieht es seine Stärke doch aus der Gottheit im Inneren, die in seinem wahren Charakter zum Vorschein kommt. Somit ist die Persönlichkeit ein echter Gefährte des Menschen und sein bester Freund auf Erden, selbst wenn sie sich zuweilen aufzuführen scheint wie ein Feind.

Es ist der gleiche Wille im Menschen, der den Dingen in seinem Leben eine persönliche Wirklichkeit verleiht und „meine eigene Erfahrung“ zum höchsten Kriterium dessen macht, was real ist, auf dass alles Denken und Fühlen darauf baue. Das Zeugnis anderer ist ohne Wert, wenn es damit nicht übereinstimmt, und wenn ein Mensch von diesem Strahl einem Lehrer folgt, so tut er dies nicht, weil er sich dem anderen unterworfen hat, denn für ihn ist der Lehrer mehr ein Wegweiser als Befehlshaber. Folgt er jedoch einem Führer oder Befehlshaber, so geschieht dies, weil er dies selbst entschieden hat. Sagt der Befehlende: „Du musst“, dann erwidert der Mensch des Willens: „Ich will“, und entgegnet der Vorgesetzte: „Du musst, weil ich es so sage", antwortet er: „Ich habe beschlossen, Ihnen zu gehorchen, deshalb folge ich meinem eigenen Entschluss." Er mag sich dessen nicht so deutlich bewusst sein, doch es ist eine Tatsache, dass es für ihn keinen anderen Weg gibt, als dem eigenen inneren Selbst zu folgen.

Für eine Person von diesem Strahl ist das Leben zum Handeln da, deshalb empfindet sie die Notwendigkeit zur Entscheidung in praktischen Angelegenheiten als starken Druck. Wenn ein solcher Mensch sein Urteil in irgendeiner Angelegenheit aussetzt, geschieht dies nicht aufgrund von Trägheit, sondern weil er bewusst so entscheidet. Dies wird er aber vergleichsweise selten tun, denn anstatt gar nicht zu urteilen, fällt er lieber ein vorläufiges Urteil, das er in der Zukunft revidieren kann. Er spürt, dass er an der Reihe ist und seinen Zug machen muss, auch wenn er keine klare Sicht nach vorn hat. So kommt es, dass er oft viel mehr aus den Erfahrungen lernt, die er als Konsequenzen seines Handelns macht, als aus seinem Nachdenken darüber, was geschehen könnte, wenn er auf eine bestimmte Weise handelte. Er neigt zu einer gewissen Starre in seinen Entscheidungen, die es mit sich bringt, dass er nicht so offen oder frei darin ist, wie es wünschenswert wäre, um eine Frage abzuwägen oder sein Handeln zu überdenken. Er hat seine Entscheidung getroffen und wird sie nicht überdenken oder sich neu entscheiden, solange er dies nicht aus eigenem Willen beschließt – und hierzu eine Gelegenheit zu arrangieren, ist manchmal schwierig für jene, die mit ihm arbeiten müssen. Manchmal nimmt er das Resultat vorausgegangener Entscheidungen sogar für selbstverständlich, ohne sich dessen bewusst zu sein. Da etwas für ihn gedanklich bereits entschieden ist, muss es auch tatsächlich so sein, und so projiziert er seine eigene starke innere Überzeugung in das Reich der Natur und meint, es wäre so gegeben und ist nicht mehr bereit, einen Schritt weiter zu gehen und nachzusehen, ob es so ist oder nicht. All dies beruht auf der einfachen Tatsache, dass der Willen sein stärkstes Prinzip ist, in ständiger Aktivität sein Denken und seine Gefühle bestimmt und sie nach seiner jeweils vorherrschenden Ausrichtung oder Stimmung polarisiert.

Die stark schwankenden Stimmungen unseres Seins und die Motive für einen Wechsel in unserem Leben liegen tief verborgen im Selbst – auch der Wille –, doch das Selbst wendet sich der Abfolge von Ereignissen zu. Da die Bestimmung aller Menschen eins ist, wollen sie im Kern ihres Wesens alle das Gleiche, und nur aufgrund dieser fundamentalen Einheit ist vollständige Freiheit zu erlangen. Bis dahin wird der Mensch des Willens – der wie ein meditierender Yogi in sich ruht – gleichsam zu einem Pfeiler aus Eisen. Seine Freiheit im Zeitlichen liegt – wie die der Stoiker in der Antike – in seiner Fähigkeit, Dingen, die außerhalb seiner Kontrolle liegen, keine Aufmerksamkeit zu schenken. Er ist der perfekte Meister seiner selbst und damit über alles, was sich innerhalb seines Machtbereiches befindet. Für diesen Menschen wäre es ohne Bedeutung, wenn er mit seiner Meinung alleine stünde und alle anderen Menschen gegen ihn wären; diese Situation vermag seine Gewissheit über seine Wahrheit nicht zu erschüttern. Als ansonsten kultivierter Mensch würde er anderen Meinungen natürlich die respektvollste Beachtung schenken, aber nicht mehr. Da er sich selbst einen Verhaltensmaßstab gesetzt hat, kann dieser Mensch ihn auch inmitten einer nicht freundlich gesinnten Welt aufrecht erhalten – selbstständig, denn niemals passt er sich der Außenwelt an.

Da der Wille die Fähigkeit zur Selbstveränderung ist, sind Selbstkontrolle und Genügsamkeit für den Menschen auf diesem Pfad ein Leichtes. Der Mensch vom ersten Strahl regiert sich selbst mit eiserner Disziplin. Kommt er beispielsweise auf den Gedanken, dass fleischliche Nahrung aus gesundheitlichen oder ethischen Gründen für ihn nicht gut sei, dann wird er entsprechende Speisen ohne die geringste Mühe aufgeben. Wenn sein Körper die Stimme erhebt und moniert: „Ich will wieder den Geschmack von Wildbret haben. Meinst du wirklich, dass du ihn mir nie mehr geben wirst, den ganzen Rest meines Lebens?“, dann lautet seine Antwort ohne Zögern: „Ja, genau das meine ich.“ Wenn er denkt, dass gewisse Übungen oder Praktiken gut sind, dann wird er sie durchführen, und das Zögern oder die Trägheit des Körpers werden ihn nicht davon abhalten können. In all diesen Dingen wird es keine Spannung oder Erregung geben – aus einem sehr einfachen Grund: Der Wille ist die ruhigste Kraft der Welt. Manchmal denkt man, dass große, polternde, dominante Personen Menschen starken Willens seien, doch dies trifft nicht zu. Wer sich so verhält, gebraucht die Methode, weil er sie für eine effektive Weise hält, andere Menschen zum Gehorsam zu bringen. So denkt er, weil er halb bewusst weiß, dass er selbst durch lautes Poltern und Einwirkung von außen zu bewegen ist – während sich ein Mensch des Willens derlei Effekten niemals beugen wird. Nein, der Wille ist die ruhigste Kraft auf der Welt. Der Mensch des Willens und der Selbstbeherrschung wird seine eigene Disziplin niemals als ein Ziel an sich betrachten, sondern nur als das gute Leben des reinen Selbst, dessen Reinheit etwas Heiliges ist – nicht ein heiliger Besitz oder eine besondere Leistung, sondern sein eigentliches Wesen.

Bei den Indern sehen wir in einem weiten und nationalen Rahmen das vielleicht größte Maß dieser Kraft. Es gibt viele Menschen in Indien, die sich nur wenig um äußerliche Dinge kümmern, solange sie innerlich zufrieden sind. Zuweilen begegnet man Menschen, die in praktischen Angelegenheiten sehr stark sind, doch mangelhaft in manchen anderen Aspekten ihrer Natur. Sie werden diese Menschen äußerst willig finden, so dass Sie meinen, Ihren Willen zu haben und glücklich sind mit dieser Illusion, während sich jene innerlich gerade der Erkenntnis erfreuen, selbst ihren Willen zu haben. Der erste Strahl ist oft ein seltsam stiller Pfad, und selbst der Klang, der im Inneren vernommen wird, ist eine Stimme der Stille. Auf diesem Pfad ist jene leise Stimme weit mehr der Führer und Wegweiser des Menschen als jede visuelle Hellsichtigkeit. Von den praktischen Philosophien Indiens ist jene des Patanjali typisch für diesen Strahl; seine Yoga-Sutras enthalten die Lehre für den Menschen des Willens. Er empfiehlt dem Schüler *kaivalya* oder Unabhängigkeit als Ziel für sein Streben, und Selbstkontrolle über Körper, Sinne und Denken als die Reinigung, die für seine Verwirklichung notwendig ist. Selbst auf der einführenden Stufe, auf der von der Notwendigkeit gesprochen wird, das Göttliche in allen Dingen zu achten und damit rechtes Wissen zu erlangen, stellt diese Schule die Arbeit an *tapas*[9] in jeder Hinsicht an die erste Stelle.

Bei den Griechen und Römern brachte der Einfluss des ersten Strahls die Schule der Stoiker hervor, und besonders bei den Römern erreichte dieser Aspekt jener mächtigen Philosophie seine größte Blüte. Jeder Mensch, der wirklich ein Stoiker war, fühlte damals die Würde seines Selbst. Er konnte aus seinem brennenden Haus hinaustreten, sein Lebenswerk in Flammen aufgehen sehen und sagen, dass er nichts verloren habe, da es im Äußeren keine Reichtümer gebe. Den Sinn dieser Aussage empfand und kannte er als Tatsache, da er selbst bestimmte, dass das Erlebnis – und sei es auch noch so schmerzlich – sein Leben bereichern sollte.

Über die Fehler dieses Strahles habe ich noch nicht gesprochen – denn so etwas wie Fehler eines Strahles gibt es nicht. Es mag zwar sein, dass ein Mensch eines bestimmten Strahles anderen Prinzipien nicht gerecht wird – und in solch einem Falle mag sich der Mensch des Willens eher selbstbezogen, anmaßend, gerissen, rücksichtslos, grob, unüberlegt, unvorsichtig etc. im Verfolgen seiner Ziele zeigen –, doch Fehler dieser Art sind nicht seiner Stärke in einem bestimmten Aspekt zuzuschreiben, sondern den Schwächen in anderen Bereichen. Sie zu heilen, erfordert nicht, die Kraft zu vernichten, die er besitzt, noch die Impulse seines inneren

[9] religiöse Bräuche, gewöhnlich asketischer Natur (Anm.d.Ü.)

Charakters zu entmutigen, sondern diese in bessere Bahnen zu lenken, so dass der Mensch zu erkennen vermag, wie viel reicher sein Leben und wie viel breiter sein Spektrum sein könnte, wenn er lieben und denken lernte, so wie er gelernt hat zu wollen, und wenn er lernte, alles zu achten, was schön und freundlich und gut ist in der wundervollen Welt des Seins, in der wir sowohl in allen unseren Mitgeschöpfen als auch in den Situationen, die aus unseren Unterschiedlichkeiten erwachsen, Aspekte der göttlichen Vollkommenheit finden, die uns selbst nicht zugeteilt worden sind.

Manchmal findet man bei Kindern diesen Willen in Gestalt einer kuriosen Sturheit. Das Kind will etwas tun und ist auch im Begriff, es zu tun, als irgendein unüberlegter Älterer dazukommt und ihm mitteilt, dass es gerade dies tun müsse. Dadurch wird die ganze kindliche Vorfreude vergällt, und in lautstarker Ablehnung oder stillschweigender Hartnäckigkeit weigert sich das Kind zu tun, was es ursprünglich selbst tun wollte. Ich hörte von einem etwa sechs Jahre alten Jungen, dessen Mutter wünschte, dass er ein bestimmtes Hemd trage, das sie ihm jedoch auf eine Weise vorgelegt hatte, die für sein eigen-williges Temperament nicht annehmbar war. Der Junge lehnte beleidigt ab. Der Vater wurde herbeigerufen. Der Junge hatte keine wirkliche Abneigung gegen das Hemd, er wollte nur einige freundliche Worte hören, die ihm das Nachgeben erleichtert hätten. Doch der Vater schlug ihn, und der gemaßregelte Knabe erklärte mit zusammen gebissenen Zähnen: „Niemals werde ich das anziehen, und wenn du mich tötest!“ Unwissende Eltern und Respektspersonen versuchen, den Willen solcher Kinder zu brechen, um sie „gefügiger“ und folgsamer zu machen. In manchen Fällen gelingt es ihnen, sie zu gewöhnlichen und angesehenen guten Menschen zu bekehren – deren Gutsein jedoch meist für nichts gut ist, weder für sie selbst noch für jemand anderes. Solches Gutsein ist eher ein „Nicht-Bösesein“, wie die Vorstellung der meisten Menschen von Frieden eben jene ist, dass nicht Krieg herrscht. Wäre das Kind liebevoll behandelt worden, so hätte es darauf angesprochen, und sein Willen wäre durch Liebe gestärkt worden. Im späteren Leben des Erwachsenen hätte es selbst diese Verbindung von Kraft und Liebe geben können, mit welcher viele große Dinge in der Welt zu erreichen sind.

Sollte die Berufstätigkeit eines Menschen vom ersten Strahl die Verwaltung öffentlicher Angelegenheiten einschließen – und diese Verpflichtung fällt solchen Menschen häufig zu –, wird er sich wohl bewähren, denn in der Selbstverwaltung hat er seine Kraft der Freiheit bereits gefunden. Ist er darüber hinaus jemand, der seine Mitmenschen liebt, so wird er danach streben, auch anderen jene Freiheit einzuräumen – nicht indem er ihnen Regelungen von außen aufzwingt, sondern indem er ihren Willen anspricht, im Leben des Einzelnen eine größere Rolle zu übernehmen. Der reine und gute Mensch vom ersten Strahl hat nur das Verlangen, anderen die Freude an dem Ideal zu ermöglichen, das er für sich selbst gefunden hat, und falls er auch weise ist, wird er seine Macht auch in den Dienst ihrer Ideale stellen.

Kapitel 12

Der zweite Strahl

Der Schlüsselbegriff des zweiten Strahls ist Liebe, der positive Ausdruck jener Weisheit, die durch Mitfühlen den Bewusstseinszustand der anderen wahrnimmt und ihn beim Umgang mit ihnen berücksichtigt. Der zweite ist auch ein Strahl der Initiative, denn Liebe ist die aktive Energie der Seele, das *rajas* des Bewusstseins, und alle Aktivitäten unter dem Einfluss dieses Strahls dienen dazu, Brüderlichkeit zu fördern und unsere Einheit miteinander im Leben weiter auszubauen.

Menschen, die nicht unter diesem Strahl stehen, mögen ebenfalls viel Sympathie für andere empfinden – in deren Freuden ebenso wie in ihrem Schmerz –, und durchaus dabei die Vorteile ihrer Kooperation für die Menschen erkennen, doch sie werden nicht so einfach verstehen, dass die Einheit nicht ein Arrangement, sondern eine Tatsache ist, und dass Brüderlichkeit mehr ist als Zusammenarbeit, weil es mit Einfühlen verbunden ist, Kooperation jedoch nicht. Wenn das Empfinden der Einheit in eines Menschen Herz tief genug verankert ist, wird er nicht mehr aus der Perspektive seiner eigenen Interessen an andere denken und überlegen, wie sie sein eigenes Leben bereichern und ihn seinen Zielen näherbringen können, sondern er wird durch ein subtiles Empfinden mit ihrem Bewusstsein verbunden sein und nun ebenso viel Interesse an ihrem Leben und ihren Zielen haben wie an seinen eigenen. Die Reichweite dieses Einfühlens wird sich immer weiter vergrößern, während der Mensch vom zweiten Strahl sich weiter entwickelt – zum idealen Vater, zur idealen Mutter, zum idealen Bürger, zum idealen Patrioten und schließlich zum Bruder/zur Schwester der ganzen Menschheit, der/die jeden Mitmenschen liebt, auf den sein/ihr Blick fällt.

Damit trägt er das Mittel zur Auflösung aller gesellschaftlichen Krankheiten im Herzen – die große Macht der Liebe –, und die Universalität dieser Liebe ist nicht die geringste seiner Tugenden, aufgrund derer er nicht nur jene achtet, die ihm ähnlich sind und ihm in ihrer Ähnlichkeit schmeicheln, sondern auch die, welche nach Art und Stärke ihrer Tugenden ganz anders sind als er. Diese verehrt er sogar beinahe, da sie einen Teil von dem großen und all-liebenden Licht des Bewusstseins verkörpern, den in seine eigene kleine Portion dieses Lichtes aufzunehmen er nicht vermochte. Für sein Glück braucht er nicht Mittel wie Unterhaltung und Genuss, sondern es ist ihm äußerst wichtig, dass die anderen Menschen sie haben. So verströmt er alle seine Aktivität in selbstloses Handeln, und seine vollkommene Liebe hat sowohl die Angst als auch die Habgier vertrieben – und die meisten Ursachen für mögliche zwischenmenschliche Konflikte ebenfalls. Ich habe von einem armen Mann gehört, der nahe dem Eingang zum Haus eines Reichen saß. Er konnte ohne die Last eigenen Besitzes die Vergnügungen der Reichen genießen. Er beobachtete die fröhlichen und wohlhabenden Menschen, die vorübergingen und betrachtete zuweilen die Auslagen in den Schaufenstern der großen Warenhäuser und hatte so alles, was er sich wünschen konnte. Ich hörte auch von einem Mann, der nach der Rückkehr von einer Reise feststellte, dass er seine kostbare goldene Uhr verloren hatte. Er klagte nicht: „O je, ich habe meine Uhr verloren“, sondern rief entzückt: „Bestimmt muss jemand diese Uhr gefunden haben!“ Dies sind vielleicht ideale Beispiele für Menschen vom zweiten Strahl, aber sie zeigen deutlich seine Grundqualität an.

Menschen vom zweiten Strahl sind willens, für ihre Liebe zu leiden, doch zweifellos bleibt ihnen hinter der Ekstase ihrer Liebe die Opfernatur eines großen Teils ihres Lebens verborgen. Sie gehören nicht zu denjenigen, die Leidenden helfen, nur um ihr eigenes Mitleiden zu beenden, das ihr Einfühlungsvermögen ihnen verursacht, und es ist nicht ihre erste Sorge, Szenen des Leids zu meiden und sie möglichst aus ihrem Blickfeld zu entfernen, um sie vergessen zu können. Sie sind bereit, sich der Welt mit all ihren Unvollkommenheiten und ihrer Mischung von Freuden und Schmerzen zu stellen und bescheiden zu sagen: „Nur Gott ist gut, und all dieses hier ist lediglich ein gutes oder ein schlechtes Abbild. Grund zur Freude aber gibt es immer, weil aus dem Schlechteren immer Besseres wird und weil jeder Dienst und jeder Akt der Freundlichkeit oder Kameradschaft der Besserung dient, welche am Ende dazu führen wird, dass alles gut ist." Die Lehre von der Evolution des Lebens und seiner steten Weiter- und Höherentwicklung spricht diese Menschen an und erfüllt sie mit einer Energie, die ihre Liebe nicht bloße Gefühlsduselei bleiben lässt, sondern bewirkt, dass sie überfließt in Hilfsbereitschaft und Geschwisterlichkeit.

Es gibt einen Grund, warum die Evolutions-Hypothese Menschen von diesem Strahl so stark anzusprechen vermag: Es ist das Gesetz der Liebe, das sich im Leben auf der Welt Ausdruck verleiht. Halten wir uns seine effektivste Definition vor Augen, die Herbert Spencer vor vielen Jahren formuliert hat. Er sagte, die Evolution bedeute eine fortschreitende Veränderung von einem Zustand unzusammenhängender Homogenität zu einem Zustand zusammenhängender Heterogenität von Struktur und Funktion. Mit einfacheren Worten ausgedrückt, heißt dies, dass jeder Organismus auf der Welt, der Bewusstsein trägt und zeigt, immer bestimmter und unabhängiger wird und zunehmend deutlicher einen Charakter entwickelt, dabei gleichzeitig aber in eine immer stärker verbundene Einheit mit anderen gezogen wird, in welcher seine Funktion der fortschreitenden Verbesserung von etwas Größerem als nur seinem separaten Selbst dient. Dies bedeutet auch, dass Dinge, die zuvor ähnlicher und separat waren, nun unterschiedlicher, aber vereint werden, und am idealen Ende der Entwicklung werden Gesetz und Ordnung über Chaos und Dunkel triumphiert haben und alles wird zu Bahnen werden für das universelle Wechselspiel des vollkommenen Lebens. Ein Teil dieses fortschreitenden Bewusstseinsstromes zu sein, ist die Freude für den Menschen vom zweiten Strahl – nicht nur die *Vorstellung* davon zu haben, sondern die Wirklichkeit selbst zu erleben, ohne an dieses Voranschreiten ausdrücklich zu denken oder sich die allgemeine Natur und Aktivität der anderen sieben Strahlen vor Augen zu halten. Wir müssen dies zuerst beschreiben, um eine Vorstellung oder ein gedankliches Bild davon zu vermitteln, wobei sich das Wissen über den zweiten Strahl allerdings eher als ein Wissen durch Fühlen erweist. Der Mensch des zweiten Strahls wird nicht unzufrieden sein, weil sein Bewusstsein nicht höher reicht, sondern wird alles Leben um sich herum ohne Kritik als das nehmen, was es ist, und in dieser natürlichen Harmonie leben und spontan Hilfe leisten, wenn sie erforderlich ist.

Dieser Pfad der menschlichen Entwicklung wurde in Indien Karma-Yoga genannt. Ich weiß, dass diese Aussage revolutionär ist, aber sie ist korrekt. Falsch ist hingegen die populäre Vorstellung, die den Begriff *karma* – das heißt Arbeit oder Tat – für das wesentliche Element zur Erklärung dieses Pfades hernimmt und dabei die Tatsache übersieht, dass Liebe des Menschen das Karma zum Karma-Yoga macht. Krishna lehrte den Pfad der Liebe mit seinen beiden großen Zweigen, dem Bhakti-Yoga als der Hingabe an Gott, und dem Karma-Yoga, der Hingabe an den Menschen. Was könnte klarer sein als seine Anweisung an Arjuna? „Wahrlich, wie Janaka und andere die Vollendung erreichten, indem sie beim Handeln ihren Blick auf die Einheit der Menschen gerichtet hielten, so solltest auch du es tun."

Für einen echten Vertreter des zweiten Strahls ist es deshalb unmöglich, vor der Welt des Handelns zurückzuschrecken mit der Bemerkung: „Sie ist nicht gut genug für mich", oder die Aufrufe zum Dienen zu missachten, die ihm im Großen und Kleinen ständig begegnen. Vielmehr entspricht es seiner

Natur, anzupacken und Gutes zu tun. Bei ihm gibt es kein starres Unterscheiden zwischen „gutem" und „schlechtem" Tun. Gutes vollbringt man bereits dann, wenn man irgendetwas besser macht, als es vorher war. Ich kannte einen Juristen, den obersten Richter an einem hohen Gerichtshof in einem Land, in dem das Gesetz für Mörder noch den Tod durch den Strang forderte. Der Hauptgedanke im Leben jenes Richters als Mensch und gläubiger Hindu war stets, so viel Gutes zu tun, wie er konnte, und niemandem Unrecht zu tun. Gleichwohl verlangte seine berufliche Pflicht hin und wieder, dass er einen Mörder zum Tode verurteilte. Manche seiner spirituell gesonnenen Freunde traten an ihn heran und fragten: „Ist es mit deinen Idealen nicht unvereinbar, für den Tod deiner Mitgeschöpfe verantwortlich zu sein, selbst wenn sie verbrecherische Menschen sind? Solltest du nicht deinen Posten aufgeben, der solche Grausamkeit von dir verlangt? Warum stellst du dich als Handlanger eines so schlimmen Gesetzes zur Verfügung?" Der Richter dachte gründlich über die Angelegenheit nach und gelangte schließlich zu der klaren Erkenntnis, dass er seinen Posten nicht verlassen musste, denn: „Wenn ich, der sogar den Mörder liebt, einen Menschen in den Tod schicke, weil ich ihn nicht retten kann, könnte es sein, dass mein Nachfolger, der nicht so liebt wie ich, vier Menschen in den Tod schicken wird. Und wenn es so bestimmt ist, dass mich das Karma trifft für den einen, den ich verurteilt habe, so muss ich es tragen zum Wohle der drei Menschen, die ich gerettet habe." Dieser Mann verletzte nicht das Gesetz der Liebe – er nahm keinem das Leben, den ein anderer verschont hätte –, sondern erfüllte dieses Gesetz bis zum Äußersten und rettete Leben. Seine Motivation war es nicht, seine Hände aus egoistischen Motiven rein zu halten. Für einen solchen Menschen können „richtig" und „falsch" niemals Fragen von gedanklichem Urteilen oder von Regeln und Gesetzen sein.

Ich kannte auch eine Dame, die in einer dicht bewohnten Stadt lebte, in welcher der offizielle Umgang mit streunenden Katzen und Hunden sehr primitiv geregelt wurde. Die

Stadtverwaltung hatte zwei Männer eingestellt – einen, um die streunenden Tiere einzufangen, den anderen, um sie zu töten –, die jeweils nach der Zahl der Tiere entlohnt wurden, die sie „versorgten". Die Tiere hatten nur eine kurze Frist von drei Tagen bis zu ihrer Tötung. Jene überaus tierliebe Dame konnte es nicht ertragen, an die Gefahr und das Leid der Straßentiere zu denken, und so tat sie sich mit einigen Freunden zusammen und gründete einen Verein, den auch einige sehr bekannte und verantwortungsvolle Menschen jener Stadt unterstützten. Dann gingen sie auf die Stadtverwaltung zu und boten an, ihr all die Mühe mit den streunenden Tieren abzunehmen. Der Stadtrat stimmte zu und überließ dem Verein die Nutzung eines alten Gebäudes und Hofes, und jene Dame wurde zur Leiterin der Institution bestimmt. Sie stellten einen Mann mit angemessenem Gehalt ein, der mit einem Lieferwagen die Runde machte und die streunenden Katzen und Hunde einfing. Die Tiere hielten sie unter freundlichen Bedingungen drei Wochen lang und benachrichtigten die ganze Stadt darüber, wo entlaufene Haustiere gefunden wurden oder neue Haustiere abgeholt werden konnten; erst am Ende der dreiwöchigen Frist wurden die nicht abgeholten Tiere getötet. Jene tierliebe Dame war so human, dass sie die schlimmste aller Aufgaben mit eigener Hand erledigte, damit dies so menschlich wie möglich geschah. Wer unter dem dominierenden Einfluss des zweiten Strahls lebt, tut das Gute nicht zur eigenen Freude daran, sondern aus der Liebe seines Herzens.

Dies ist der Strahl der Menschlichkeit. Wer zum zweiten Strahl gehört, packt an und tut das Gute. Er fühlt, dass guter Wille, Freundschaft und Zuneigung der Zement im Tempel der Menschheit sind. Er sieht, dass Pläne, Verordnungen, Vereinbarungen und Kooperation dabei nicht weit genug führen – und dass man ohne Liebe keinen Frieden für die Menschen kaufen kann.

Menschen unter diesem Strahl stellen die besten Lehrer und Ärzte. Ich erinnere mich, vor mehr als zwanzig Jahren einen Artikel des gefeierten Oxford-Professors Bernard Bosanquet gelesen zu haben, in dem dieser feststellte, dass es nicht ratsam sei, die brillantesten Gelehrten als Lehrer in Schulen anzustellen, weil diese Männer das Wissen ihres Fachgebiets mit großer Leichtigkeit erworben hätten und nicht in der Lage seien, den Geisteszustand eines durchschnittlichen Schülers zu verstehen; denn vor allem wird die Qualität Liebe benötigt, nicht nur in der Erziehung, der Entfaltung der menschlichen Kräfte eines Kindes, sondern auch in der Ausbildung, bei der Vermittlung von Wissen. Wie jedermann weiß, ist meist derjenige Arzt, der ein ehrliches, lebendiges Interesse an seinen Patienten zeigt, nicht nur der beliebteste, sondern auch der erfolgreichste.

Es gibt viele Bereiche des Lebens, die Menschen von jedem Strahl offenstehen, auf allen Stufen der Entwicklung. In der Wirtschaft unserer Zeit sollte der Mensch vom zweiten Strahl ein idealer Verteiler sein, sei es als Groß- oder als Einzelhändler. Mit seinem Gespür wird er den Menschen genau das bringen, was sie brauchen und die Art von Dingen verkaufen und vertreiben, die seiner Kundschaft von echtem Nutzen und ihnen dienlich sind. Er wird selbst die Qualität und Vorzüge der Waren beurteilen, die er verkauft. Seine Preise werden eine angemessene Gewinnspanne enthalten und er wird Artikel meiden, die mit unmenschlichen Methoden produziert wurden. Es ist Mode, ein Geschäft als bloßes Mittel zum Gelderwerb zu betrachten und zu meinen, Gutes könne man nur außerhalb der Geschäftswelt tun, doch die simple Tatsache ist, dass gerade der Handel eine der großartigsten Gelegenheiten für einen liebevollen Kontakt mit anderen Menschen bietet.

Man denkt manchmal, dass Menschen unter dem Einfluss des zweiten Strahls leicht Freundschaften schließen, doch dies ist nicht der Fall. Ich kannte einmal einen Herrn, einen äußerst stillen Menschen, der in einem langen Leben außer seiner unmittelbaren Familie keine Freunde hatte. Ich fragte ihn eines Tages, wie es dazu gekommen sei, und er antwortete: „Es liegt daran, dass ich mit der Freundschaft nicht spielen kann. Wenn ich mich mit Menschen anfreunde, dann muss ich ihnen beistehen auf jede Weise, in all ihren Schwierigkeiten und Nöten. Da ich aber nur genug für meine Frau und Kinder habe und nicht riskieren darf, was sie benötigen, werde ich keine Freunde haben." Er war ein Mann mit einem sehr großen Herzen in Verbindung mit einem Denken, wie es typisch ist für den dritten Strahl – stets instinktiv geneigt, seine eigenen Freuden oder Vergnügungen für das Wohl anderer zu opfern, dies aber auf gänzlich unauffällige Weise.

Menschen vom zweiten Strahl können schwerwiegende Fehler aufweisen, falls die Qualitäten der anderen Strahlen in ihrer Entwicklung zufällig unterhalb eines vernünftigen Standards zurückgeblieben sind. Es gibt viele Menschen auf der Welt, die sehr leiden, wenn sie an manche der Schrecken denken, die unter – manchmal auch an – der Oberfläche der Zivilisation liegen. Sie tun nichts zu ihrer Beseitigung, weil ihr Willen oder die praktische Seite ihres Wesens nur schwach ausgeprägt ist. Stattdessen machen sie sich selbst schlecht und stören andere mit ihrem ständigen Klagen, dass doch fast alle Macht der Welt irgendwie in die Hände der Menschen geraten sei, die ihre Mitgeschöpfe nicht liebten. Würden sie statt dessen die kleinen Energiemengen, die sie tatsächlich besitzen, eifrig nutzen, um im kleinen Maßstab Gutes zu tun, dann würden sie die bestehende Summe des menschlichen Elends nicht durch ihr individuelles Unvermögen vergrößern, sondern sich selbst für die Ausübung größerer Taten und Macht in der Zukunft vorbereiten. In dieser Welt der Gesetze gilt, dass kein Mensch irgendeine Macht haben oder Gelegenheit erhalten wird, für die er nicht gearbeitet hat.

Ein weiterer möglicher Mangel auf dem Gebiet des zweiten Strahls ist der Fehler, mit seiner Selbstlosigkeit zu weit zu gehen – wie der Dichter Goldsmith in groteskem Maße zu weit ging, als er sein ganzes Bettzeug durchs Fenster zu irgendeinem armen Tropf hinunter warf, der mitten in der Nacht auf der Straße vorüberging. Es bereitet den anderen kein Glück, zu wissen, dass man ihretwegen leidet. Menschen, die nicht tun, was sie für sich selbst tun sollten – nämlich ihr eigenes Leben lebenswert und zu einem erfreulichen Teil der Umgebung für andere zu gestalten –, sind eine Belastung für die Welt. Auch Ausbrüche von so genannter Großzügigkeitswut sind bei diesem Strahl nicht ungewöhnlich. Während der Mensch unter dem dominierenden Einfluss des ersten Strahls mehr dazu neigt, sich in die eisige Distanz zurückzuziehen, wenn ihn eine Situation aufregt, tendiert der Mensch vom dritten Strahl mehr zur Angst.

Es gibt auch die sehr häufige Gefahr, dass große Liebe ohne Großzügigkeit in anderer Hinsicht eher schädlich als hilfreich ist für den, der geliebt wird, da sie einengend wirkt. Die Geschichte einer jungen Dame in Amerika berichtet, dass diese mit ihrer Mutter und einer jüngeren Schwester in einer kleinen Wohnung lebte und sie mit den Einkünften aus ihrer Tätigkeit in einem Büro in der Stadt unterhielt. Eines Tages verliebte sich die junge Damen in einen jungen Mann, der sie heiraten wollte. Sie sollte ihre Stellung kündigen und ein Heim mit ihm gründen. Doch sehr zum Unmut der beiden jungen Leute war dies nicht möglich, weil ja ihre Mutter bedacht werden musste, die immer etwas leidend war. Zudem gab es auch noch die jüngere Schwester, deren Vorstellungen von ihrer eigenen Zukunft dahin gingen, dass sie ein sehr teures Institut besuchen müsse, obwohl sie bereits lange Jahre in der Schule gewesen war. In dieser ausweglosen Situation hörte der Arbeitgeber der jungen Frau, ein wohlwollender älterer Herr und guter Beobachter, von der Angelegenheit und erkannte sehr bald, dass die Mutter und die jüngere Schwester weder körperlich noch charakterlich von diesen bequemen Gegebenheiten wirklich profitierten, welche die Freundlichkeit seiner Angestellten ihnen im Laufe der Jahre ermöglicht hatte. Eines Tages unternahm er den recht verblüffenden Schritt, sie in sein Büro zu rufen, und entließ sie mit strengen Worten auf der Stelle. Zu jener Zeit gab es keine Aussicht auf eine gleichwertige Anstellung, und das Glück der Familie begann sich zu trüben, denn sie hatten den Verdienst ihrer Ernährerin immer ganz aufgebraucht. Doch schon bald zeigte das Vorgehen des früheren Arbeitgebers seine heilsame Wirkung: Die Mutter erkannte, dass sie selbst etwas tun musste, und ging in einen Laden arbeiten, wo sie schon bald vergaß, sich ihrer kleinen Unannehmlichkeiten zu erinnern, die sich in Ermangelung der früheren Aufmerksamkeit zurückzogen und schließlich verschwanden. Sie schloss viele neue Freundschaften, und ihr Leben wurde wieder lebenswert. Die jüngere Schwester trennte sich von einigen ihrer hochtrabenden Träume und begann während der Ferien einen Teil ihres Schulgeldes selbst zu erarbeiten. Die beiden jungen Leute heirateten und lebten glücklich für immer unter dem wohltuenden Schirm der väterlichen Freundschaft des früheren Arbeitgebers. Es ist in Ordnung, einen lahmen Hund über eine Stufe zu heben, aber es kann töricht und unangebracht sein, ihn die ganze Straße entlang zu tragen.

Kapitel 13
Der dritte Strahl

Vor nicht allzu langer Zeit stieß ich auf eine Werbeanzeige mit dem Bild eines jungen Mannes, der, ein Mädchen an der Seite, an der Theke eines Süßigkeitengeschäfts Schokolade kaufte. Die Anpreisung verhieß: „Johnstons Schokolade: Von dem Manne, der versteht, für das Mädchen, das weiß." Das Mädchen wusste, welche Schokoladen gut waren – das war Wissen des fünften Strahls; der Mann verstand, was jene Schokoladen für das Mädchen bedeuteten – das war Verständnis des dritten Strahls.

Wie der Mensch des Willens feinfühlig ist für sein Selbst, wie der Mensch der Liebe feinfühlig ist für das Bewusstsein in anderen Lebewesen, so ist der Mensch vom dritten Strahl feinfühlig für Dinge. Doch weil der dritte zur Gruppe der ersten drei Strahlen gehört, die jene Menschen beeinflussen, die das Selbst oder Gott oder das Glück im Inneren suchen, gilt das Interesse den Dingen nur im Hinblick auf ihre Wirkung auf Bewusstseinszustände. Der Mensch vom dritten Strahl ist der Philosoph, der nach Verständnis oder Einsicht strebt und fühlt, dass Glück davon abhängig ist. Auch wenn die Welt ihre Fülle verschwenderisch über ihn ausgießen und alle in Frieden und geschwisterlich miteinander leben würden, fehlte es ihm doch am Glück, gäbe es keine Mittel, die Bedeutung all dieser Dinge für die Seele zu erfassen. Er interessiert sich aktiv für die Dinge, doch sein Interesse gilt dem Bewusstsein.

Verstehen ist der Zustand des menschlichen Geistes, in dem dieser die Einheit von Dingen begreift, zum Beispiel

„Mensch auf dem Rücken eines Pferdes“. Man kann keine Einheit bilden aus „Elefant auf dem Rücken eines Pferdes“ oder „Füllfederhalter auf dem Rücken eines Pferdes“. Ein anderes, komplexeres Beispiel ist die Erde, die um ihre eigene Achse rotiert und sich dabei um die Sonne bewegt. Dies ist begrifflich *eine Idee,* eine gedankliche Einheit. Was wir gewöhnlich abstraktes Denken nennen, ist die Bildung von begrifflichen Einheiten. Es ist ein Begreifen der Zusammenhänge und Beziehungen der Dinge, und es geht noch weiter, denn es umfasst auch unsere Vorstellung, dass die Dinge das, was sie sind, aufgrund der Beziehung zwischen ihnen sind. Der dritte Strahl sieht die Einheiten, während der zweite Strahl die Einheit empfindet. Das Verstehen schenkt dem Menschen innere Zufriedenheit. Das Ziel der Philosophen ist es weniger, Wissen zu erwerben, als diesen Hunger der Seele zu stillen. Wenn die Kraft, die viele Dinge zusammen sehen und sie deshalb erfassen kann, im äußeren und geschäftlichen Leben zum Einsatz kommt, haben wir es mit einem Menschen zu tun, der über eine glänzende Begabung für Organisation und Ingenieurwesen besitzt. Er kann sehen, auf welche Weise Dinge getan werden sollten. Ist seine Begabung in Verbindung mit dem Willen des ersten Strahls aktiv, könnte man möglicherweise von einem genialen Talent sprechen. Seine spezielle Stärke ist das Denken, und bei der Arbeit mit Personen vom ersten und zweiten Strahl kann er einfach sehen, wie Dinge aller Art zu arrangieren sind, damit ihre Liebe und Bestimmung am wirkungsvollsten zum Einsatz gelangen können.

Fragen Sie einen Menschen dieser Prägung, was er in irgendeiner praktischen Angelegenheit tun würde – zum Beispiel bei der Einstellung eines Lehrers in einer Schule, mit deren Leitung er betraut ist –, und er wird antworten: „Geben Sie mir zehn Minuten, darüber nachzudenken.“ Dann beginnt er wahrscheinlich, Fragen zu stellen – nicht weil er will, dass andere ihm das Denken abnehmen (was er verabscheut), sondern weil er Informationen wünscht, um eine gesunde Basis für seine Gedankengänge zu haben. Er ist ein vorsichtiger Mensch, und sollte er zufällig beträchtliche Mängel an einem der anderen Prinzipien aufweisen, kann es geschehen, dass er so gründlich über die anstehende Angelegenheit nachdenkt, dass die Zeit oder Chance, etwas zu tun, vorübergegangen ist, bevor er recht entschieden hat, was das Beste wäre.

Die Kraft dieses Strahles gibt dem Menschen ein sehr breites Verständnisspektrum und die Voraussetzungen, seinen Pfad aus vielen unterschiedlichen Richtungen auszuwählen. Aufgrund derselben Freiheit und Möglichkeiten, die der Mensch vom dritten Strahl genießt, fällt es ihm zuweilen schwer, sich auf etwas zu beschränken oder festzulegen, weil es ihm nicht gelingt, sich mit genügend Nachdruck auf eine bestimmte Richtung zu konzentrieren, um zu dem zu gelangen, was man gewöhnlich einen Erfolg im Leben nennt – während jemand mit eher einseitiger Begabung durch seine natürlichen Begrenzungen konzentriert ist, seinen Weg geht und triumphiert.

Der Mensch vom dritten Strahl übt die Macht des Denkens aus, die der Materie Gestalt verleiht. Er kann sich den Naturwissenschaften zuwenden, der Kunst oder Magie oder irgendeiner anderen Sache und ist nicht begrenzt durch Voreingenommenheiten, die bestimmten Richtungen auf dem Gebiet einiger anderer Strahlen eine derart intensive Kraft geben können. Wenn der Mensch sich konzentriert, gebraucht er die Kraft seines Willens, um seine Aufmerksamkeit zu sammeln und auf dem gewählten Gegenstand zu halten. Wenn er meditiert, macht er sich selbst eins mit dem Objekt, indem er jedem Teil des Gegenstandes so viel Aufmerksamkeit wie möglich schenkt und diese mit all seinem Denken über den Gegenstand verbindet. Wenn er sich innerlich sammelt, findet etwas Drittes statt, bei dem er gewissermaßen seinen vervollkommneten Gedanken fixiert – und dann formt oder lenkt die Gedankenkraft in seinem mentalen Bild das Material und regiert dabei so über die Naturkräfte, wie ein Magnet Eisenspäne anzieht. Dies ist ohne Zweifel die schöpferische Macht, die der solare Schöpfergott (Brahmâ) im Anbeginn ausübte – nicht bloße Meditation, sondern etwas Größeres, innere Sammlung *(samyama)* genannt, die mit Konzentration beginnt und mit Kontemplation endet und die Tür öffnet zu allem, das vollbracht werden kann. Alle Yogis von allen diesen Strahlen werden *samyama* praktizieren, doch der Konzentrations-Teil gelingt am perfektesten dem Menschen vom ersten Strahl, der Meditations-Teil dem vom zweiten Strahl und die innere Sammlung dem Vertreter des dritten Strahls. Nun können Sie erahnen, welche Kraft ein Adept in sich vereint, bei dem alle diese Strahlen sich bis zur menschlichen Vollkommenheit entwickelt haben.

Es ist natürlich im Sinne zu behalten, dass das dreifache *samyama* von Konzentration, Meditation und innerer Sammlung, das Patanjali lehrte, laut dessen Aussage nicht das Mittel ist, um das spirituelle Ziel unseres Lebens zu erreichen, sondern das Mittel zur „Vernichtung der Unreinheit", das den Weg für das Weisheitslicht oder „Verständnislicht" *(jnânadîpti)* öffnet, der geradewegs bis zur Unterscheidung *(viveka)* der echten Natur des Menschen hinauf führt. Wir werden feststellen, dass dies eine Art von vollständigem oder perfektem *Sehen* ist, ohne mentale Tätigkeit. Wie auch im Falle der anderen Strahlen, ist das Verstehen hier nur eine Vorbereitung, nicht das Ziel.

Beim Umgang mit den Problemen des Lebens wird der Mensch vom dritten Strahl immer sagen: „Die Wahrheit wird uns freimachen. Gib uns Verständnis. Das Handeln muss dann folgen, deshalb brauchen wir uns jetzt nicht den Kopf darüber zu zerbrechen. Mag die Wahrheit schmerzlich sein oder angenehm – wir wollen sie, ohne Rücksicht auf unsere Gefühle." Wenn er in der Liebe oder im Handeln versagt, fühlt er sich nicht beschmutzt, aber ein Versagen in der Wahrheit wird ihm bittere Gewissensbisse bereiten.

Aufgrund seines weiten Horizonts und seiner Wertschätzung der Dinge als Nahrung für seinen hungrigen Geist bedeuten dem Menschen vom dritten Strahl alle Dinge weitgehend gleich viel, aber dieses Gleiche ist eher im besten als im abschätzigen Sinne gemeint. Er ist der Weise, von dem in den heiligen Schriften des Ostens die Rede ist, wo zu lesen steht, dass für den Weisen alle Dinge weitgehend gleich sind, ob Freund oder Feind, ob Gold oder ein Klumpen Lehm. Dies bedeutet natürlich nicht, dass Gold letzten Endes bloß Lehm und nicht besonders kostbar sei, noch dass Freunde letztlich nicht von größerem Wert seien, als er Feinden gewöhnlich zugestanden wird, sondern dass alle Dinge wertvoll und für den Menschen von Bedeutung sind, der im Leben offen für sie und für ihren Gebrauch ist. Lehm ist so kostbar wie Gold, ein Feind ist in Wirklichkeit ein Freund. Emerson sagte: „Für den Dichter, den Philosophen, für den Heiligen sind alle Dinge freundlich und heilig, und alle Ereignisse vorteilhaft, alle Tage sind heilig und alle Menschen göttlich; denn ihr Blick ist auf das Leben gerichtet und schenkt den Umständen nicht viel Beachtung." Das zugrunde liegende Prinzip wurde auch von Epiktet ausgedrückt, der einst sagte, dass Gott ihn zu dem einzigen Zweck in die Welt geschickt habe, seinen Charakter in allen Tugenden zu vervollkommnen, und dass es nichts auf der ganzen Welt gebe, das er auf diesem Wege nicht gebrauchen könne.

Der Mensch vom dritten Strahl sieht, dass Dinge, welche die Leute gewöhnlich als ungünstig bezeichnen, nur deshalb so betrachtet werden, weil sie für die Gefühle unangenehm sind oder das von voreingenommenen Meinungen erfüllte Denken auf unwillkommene Weise erregen, dass sie aber alle zu großem Vorteil gewendet werden können, wenn man sie im rechten Geiste akzeptiert. Er sieht auch die Bedeutung in unbedeutenden Dingen und das Wunder im Gewöhnlichen. Für ihn ist alles wunderbar, aber nichts ist geheimnisvoll. Ein Grashalm ist für ihn ein Zeugnis der Unendlichkeit – wo andere Gemüter ein Gebirgspanorama oder einen nächtlichen Sternenhimmel brauchen. Wenn der Wissenschaftler sagt: „Es gibt kein Wunder", wird er antworten: „Nein, denn alles ist

Wunder." Dabei bestätigen beide das gleiche – die Einheit der Natur. Der Mensch vom dritten Strahl hat immer einen Grund – und häufig mehrere – für alles, was er tut, und er kann den Grund für Dinge entdecken, die außerhalb von ihm geschehen. Das Ideal dieses Strahls ist Brahmâ selbst, der den Rishis oder Weisen alles über alles in der Welt sagen könnte.

Die Qualität von *viveka,* der Unterscheidungskraft, befähigt den Philosophen, stets das Wichtige vom Unwichtigen zu trennen. Eine Geschichte aus Japan erzählt uns: Nachdem der große Shogun Ieyasu gestorben war, wurde sein Leichnam in den Bergen bei Nikko begraben. Sein Nachfolger im Shogunat rief alle Daimyos des Reiches auf, je eine Laterne aus Bronze oder Stein zu schicken, um die Gärten rund um den Grabtempel zu schmücken. Alle folgten dieser Aufforderung bis auf einen Mann, der zu arm war, sie zu erfüllen. Statt dessen erbot er sich, Bäume entlang der Straße zu pflanzen, die den Reisenden Schatten spenden sollten. Sein Opfer, so sah man später, war weitaus kostbarer als die Gaben aller anderen; der Mensch vom dritten Strahl hätte dies augenblicklich erfasst.

Dank seiner breit gefächerten Auffassungsgaben besitzt der Mensch vom dritten Strahl eine einzigartige Anpassungsfähigkeit. Er kann in einer Hütte oder in einem Palast wohnen, er kann auf dem Fußboden oder in einem Daunenbett schlafen. In seinem täglichen Leben zeigt er ein gutes Gespür für die Nutzungsmöglichkeiten bestimmter Dinge und die Fähigkeit, alle Arten von Materialien einzusetzen, die zur Verfügung stehen, und sie in einen Plan zu integrieren. Er ist der Schachspieler par excellence, der alle Figuren je nach ihrer Funktion in seinem Plan berücksichtigt – ja, er erfasst sogar viele Pläne und Vorgehensweisen gleichzeitig, um jederzeit, wenn ein Zug nicht gut ausgeht, sofort nach einem anderen Plan weiterspielen und so das Beste aus jeder möglichen Situation machen zu können. Weil er auch im Umgang mit anderen Menschen großzügig und flexibel denkt, zeigt er keine detailbesessene Kleinlichkeit, sondern weiß, was wichtig und was unwichtig ist und beweist seine Anpassungsfähigkeit in Form von Taktgefühl.

Für den Menschen vom dritten Strahl spielen Lehrer keine besonders wichtige Rolle, denn alles ist ihm Lehrer, und er selbst versteht sich auf das Geheimnis der Kontemplation. Wenn er Dinge beobachtet, blitzt die höhere mentale Intuition aus dem Bereich in sein Bewusstsein, wo Schüler und Lehrer eins sind. „Was habe ich mit Gurus zu schaffen", fragte ein solcher Mensch einmal, „der ich ein Schüler von Würmern und Fischen, Fröschen, Bäumen und Felsen bin?" Man hat festgestellt, dass es schwieriger ist, einen Lehrer unter dem Einfluss speziell dieses Strahls zu finden als unter einem anderen. Es scheint, als wehrte der Guru ab, um sicherzustellen, dass sein künftiger Schüler seine Lektionen aus allem lernen sollte, was sein Strahl von ihm verlangte. Emerson war ein typischer Vertreter dieses Strahls, den er sehr wohl mit dem ersten Strahl kombinierte.

Ein Mensch dieses Typs wird die schnellsten Fortschritte erzielen, indem er seine Auffassungsgabe schult, sowohl im spezifischen als auch im umfassenden, begreifenden Denken. Um das Beste aus seiner Begabung herauszuholen, sollte er sich stets klar vorstellen und ausmalen, was er zu tun gerade im Begriff ist. Haben Sie jemals einen professionellen Eisläufer vorüberflitzen sehen? Jede seiner Bewegungen ist so sauber und präzis wie neuer Stahl. Oder haben Sie einen Pinguin gesehen, der einen Fisch jagt und ihn mit wendigen, schnellen und unfehlbaren Bewegungen verfolgt? So vermag der Mensch vom dritten Strahl zu denken, wenn er es trainiert hat – wie der Eisläufer gleitet und wie der Pinguin sich windet und taucht. Um sein mentales Erfassungsvermögen zu vergrößern, lasse man ihn üben, an einen Gegenstand in seiner Vorstellung einen weiteren hinzuzufügen und sich jedes einzelne Detail immer ganz klar und deutlich zu imaginieren und das gedanklich Vorgestellte immer weiter auszubauen. Er kann zum Beispiel erst an einen Grashalm denken, dann an viele Gräser und dann Sträucher und Blumen und

Bäume zu seinem Bild hinzufügen, bis er bald einen ganzen bunten Garten in seiner Vorstellung halten kann, ohne ein Detail davon aus dem Sinn zu verlieren – wie ihm anfangs keine Einzelheit des Grashalms entgangen war.

Manchmal ist es möglich, durch die Beobachtung von Tieren sehr viel über die menschliche Natur zu verstehen. Besonders die domestizierten Tiere zeigen die Qualitäten der Strahlen deutlicher als die meisten Menschen, dies beruht auf der vergleichsweisen Einfachheit ihrer Denkaktivität, ihrer Beziehungen und Unternehmungen. Ich nehme mir heraus, sie die Erleuchteten *(arhats)* des Tierreichs zu nennen, weil sie *als Tiere* so viel weiter fortgeschritten sind als die meisten Menschen auf ihrer Stufe. Die Tiere mögen die Menschen viel mehr als andere Angehörige der eigenen Spezies, und sie genießen die Impulse, die sie von uns und unserem Tun erhalten können. So erscheint es durchaus logisch, dass sie – als karmische Folge ihrer Nützlichkeit für den Menschen – einst in das Reich der Menschen aufsteigen und unser menschliches Erbe antreten sollen. Ich erinnere mich, einen Artikel gelesen zu haben, in dem dargelegt wurde, dass der primitive Mensch in seiner Entwicklung zur Zivilisation ohne die Hilfe des domestizierten Hundes nicht weitergelangt wäre. Da dies Tatsachen sind, empfinde ich es als durchaus legitim, anhand von Tieren menschliche Charakteristika der verschiedenen Strahlen zu illustrieren.

Lassen Sie mich mit dem Elefanten beginnen, den ich in Indien kennenlernen konnte. Ich halte sein Verhalten für sehr typisch für den dritten Strahl. Man kann das Tier beobachten, wie es stundenlang auf einem geschäftigen Marktplatz steht, sanft von einer Seite zur anderen schaukelnd und aufmerksam alles betrachtend, was um ihn herum vorgeht, dabei selbst nicht das geringste Verlangen zeigend, sich aktiv daran zu beteiligen. Es heißt, dass sich der Elefant, wenn er eingefangen werden soll, erst wie ein leibhaftiger Dämon verhält, doch er hat so viel von einem Philosophen im Herzen, dass er in dem Augenblick, wenn er begreift, dass weitere Gegenwehr nutzlos ist, die neue Situation vollkommen ruhig akzeptiert und sich mit den neuen Bedingungen arrangiert. In jeder Gefahr, die er begreift, ist er sehr tapfer, doch andererseits zeigt er sich äußerst scheu und furchtsam angesichts vergleichsweise geringfügiger Dinge, mit denen er nicht vertraut ist – so deutlich liegt der ruhende Pol seines Lebens im Verstehen. In einer Paniksituation verliert er den Kopf, aber unter allen anderen Umständen erweist er sich als sehr überlegt und vorsichtig. In seinen tiefen und dauerhaften, von Zuneigungen geprägten Beziehungen verhält er sich außerordentlich fürsorglich. Auch damit zeigt das Tier sehr deutlich den Einfluss des dritten Strahls, denn die Schwäche dieses Strahls ist Angst. Während der Mensch im Laufe seiner Evolution mehr und mehr Wissen gewann, das seine Ängste zerstreute, wird er doch auch weiterhin mehr oder weniger fürchten, was er nicht versteht. Aufgrund ähnlicher Zusammenhänge sind Menschen der Liebe, Vertreter des zweiten Strahls, anfällig für Ausbrüche von Empörung und Wut, und jene des Willens, vom ersten Strahl, fallen manchmal ihrem Stolz zum Opfer.

Das Kamel bietet uns das beste Bild aus der Tierwelt für die Qualitäten des ersten Strahls. Auch in diesem Fall hatte ich das Glück, intensive eigene Erfahrungen zu sammeln. Als ich Rektor am College von Haiderabad in der Provinz Sind war, pflegten lange Karawanen dieser Tiere, hauptsächlich mit Teppichen aus Persien beladen, vor unserer Tür vorüberzuziehen. Häufig machten sie Rast entlang eines kleinen Seitenkanals des Indus im Schatten unserer Gebäude. Oft begegneten wir ihnen auch in der engen Basarstraße. Darüber hinaus hielten viele Menschen, die wir kannten, Kamele und ließen sie oft an unseren Akazienbäumen weiden. Das Kamel scheint von allen Tieren das stolzeste und am wenigsten arbeitswillige zu sein. Gewiss ist es kein bloßer, anatomisch bedingter Zufall, dass es, wenn es unbeirrbar mitten durch den Basar schreitet – wo sich die Menschen in die Gassen drängen und in die offenen Ladeneingänge drücken müssen, um ihm auszuweichen –, an seiner Nase entlang heruntersschaut, erst zu der einen, dann auf die andere Seite, als hegte es nie einen anderen Gedanken, als diese erbärmlichen Menschen zu nötigen, ihm aus dem Wege zu gehen.

Qualitäten des zweiten Strahls finden wir bei der Beobachtung von Kühen. Nicht jedermann ist bewusst, wie viel Zuneigung diesen Tieren bedeutet. In Indien ist dies in der Tierhaltung sehr gut zu erkennen. In jenem Land, in dem es im Verhältnis zur Zahl menschlicher Einwohner mehr Kühe gibt als in irgendeinem anderen, sind diese überwiegend in Familienbesitz und leben in Schuppen oder Ställen hinter dem Haus. Man betrachtet und achtet sie fast als Familienmitglieder und gibt ihnen eigene Namen wie Lakshmi (eine Göttin) oder Padma (der Lotos). Es sei an ein Gedicht von Rabindranath Tagore erinnert, in dem er erzählt, wie er eines Morgens von einer Stimme vor dem Fenster gestört wurde, die wiederholt rief: „Komm, Liebling, komm weiter." Als er hinausblickte, stellte er fest, dass die Aufmunterungen einer Kuh galten, die vorübergeführt wurde. – Die liebevollen Gefühle des Rindes wurden auch von einem Mann erwähnt, der zwei Kühe besaß; eine von ihnen galt gewissermaßen als die ältere und war beim Füttern, Melken und anderen Gelegenheiten immer die erste. Wenn jener Mann zufällig die zweite Kuh zuerst molk, war die andere Kuh in ihren Gefühlen so aufgebracht, dass ihre Milch nicht so leicht floss wie sonst.

Kapitel 14

Der vierte Strahl

Das Vorherrschen des vierten Prinzips ist Kennzeichen der Menschen vom vierten Strahl. Seine Qualität ist Harmonie. Die inneren Welten und die äußeren Welten kann er in seinem Leben nicht voneinander trennen. Wenn er eine Idee hat, bleibt sie unbefriedigend, bis er ihr praktisch Gestalt verliehen hat. Wenn ihm eine Arbeit aufgetragen wird, ist er unglücklich, wenn es ihm nicht möglich ist, eine Idee oder ein Ideal durch sein Werk zum Ausdruck zu bringen. Mit seiner Position in der Gesellschaft repräsentiert er weder das Innere (das der Kanzler, der Philanthrop und der Philosoph verkörpern) noch das Äußere (für das der Wissenschaftler, der Fromme und der Künstler stehen) in besonders deutlichem Maße. Er zeigt das Prinzip der *mâyâ*, das ich bereits als einen speziellen Ausdruck Shivas beschrieben habe, der Vishnu und Brahmâ in Harmonie bringt. Eine größere Wirklichkeit könnte es auf Erden nicht geben – und doch handelt es sich um eine Illusion, weil es nicht das eigentliche Leben von Shiva ist, nicht die echte *ânanda*.

Seine Aktivität wird weder von materiellen noch von gedanklichen Interessen bestimmt. In gewissem Sinne bilden die Gruppen der ersten und der drei letzten Strahlen ein Paar von Gegensätzen, denn die ersten drei Prinzipien sind vorwiegend introvertiert, die letzten drei hingegen vor allem extravertiert. Es sei erklärend angemerkt, dass das Kanzler- und Staatsamt introvertiert sind, weil hier die Wertschätzung eines Freiheitsbegriffes eine große Rolle spielt und der Versuch unternommen wird, Zustände herbeizuführen, welche allen Personen die Freiheit sichern werden, die Entwicklung und Nutzung ihrer Selbstfindung und ihrer eigenen Fähigkeiten zu genießen. Philanthropie in ihrer besten Form, als Nachbarschaftlichkeit und Geschwisterlichkeit, ist ebenfalls introvertiert, weil sie auf einer Wertschätzung des gemeinschaftlichen Lebens und dem Empfinden von Zuneigung beruht. Sie weiß, dass Geschenke und Austausch von geringer Bedeutung sind im Vergleich zu dem Gefühl der Kameradschaft und Verbundenheit, der Geborgenheit im Geben und Empfangen sowie der Gewissheit, dass ein liebevolles Miteinander in der kleinsten Hütte besser ist als das größte Vermögen ohne Liebe. In Notzeiten und im Krieg, wenn die Bomben fallen, erkennen die Menschen diese Wahrheit bis zu einem gewissem Grade, und sie empfinden Zusammengehörigkeit mit und Zuneigung zu ihren früheren Konkurrenten und Feinden. Die Introversion des Philosophen schließlich bedarf keiner weiteren Kommentierung.

Im Kontrast zu dieser Gruppe stehen die Vertreter der letzten drei Strahlen – der Wissenschaftler, Fromme und Künstler – als die Extravertierten, die vor allem wertschätzen, was die Welt ihnen bieten kann, und auf diesem Wege schließlich zum Unendlichen finden.

Zwischen diesen beiden Gruppen liegt der vierte Typ. Seine Vertreter finden ihr Glück in der Vollendung der Beziehung zwischen den beiden. Sie ist das, was Krishna „meine andere *prakriti*-Natur" *(daivî-prakriti,* meine andere Manifestation) nannte – nicht nur *mâyâ,* sondern *yogamâyâ.* Im Erleben des Menschen vom vierten Strahl steht als Wahrheit über allem, dass es keine Grenze, Schranke oder Trennung in der Seele gibt, wo Gott aufhört und der Mensch anfängt, wie es Emerson formulierte.

Während wir diesen zentralen Charakterzug des vierten Strahls anerkennen, ist gleichwohl nicht zu wünschen, dass die Menschen, die von anderen Strahlen dominiert werden, früher oder später zu diesem vierten gelangen müssen. Er ist nämlich im Vergleich zu den anderen von Nachteil, da es für seine Vertreter schwieriger ist, die *Intensität* des Bewusstseins zu erlangen, welche bei den anderen sechs Strahlen mit deren stärkerer Spezialisierung einhergeht. So scheinen die Menschen vom vierten Strahl mitunter mehr Gleichgültigkeit gegenüber materieller Genauigkeit, Präzision, Wahrheit, Güte und Schönheit zu zeigen, und zuweilen mehr Gleichgültigkeit gegenüber Würde, Kameradschaft und Prinzipien als die Menschen von den anderen Strahlen – allerdings haben sie den Vorteil, diejenigen Mängel zu vermeiden, die mit der Spezialisierung im Bereich der anderen Strahlen einhergehen können. In der Perfektion jedes Strahls liegt eine Läuterung, die zu *shânti* führt, einem Frieden, in welchem man des wirklichen Selbst gewahr wird.

In den früheren Phasen seiner Entwicklung zeigt der Mensch vom vierten Strahl Unbeständigkeit und Launenhaftigkeit, manchmal mit einer Tendenz zu den drei Typen der Selbstsicherheit (die ersten drei Strahlen), und manchmal mit einer Neigung zu den drei Typen der Devotion (die letzten drei Strahlen). Niemals aber wird er ganz von seiner Position der Mitte loskommen, in der er die gleichzeitige Präsenz beider Seiten der menschlichen Natur demonstriert. Dies macht ihn oft unglücklich, denn bei seiner Arbeit in der Welt fühlt er die Notwendigkeit, ein Ideal zum Ausdruck zu bringen; andererseits droht jedes der Ideale, von denen er sich angezogen fühlen könnte, seine Seele zu versengen und zu verbrennen, wenn er es nicht zum Ausdruck bringen kann. Er ist der Mensch mit dem quälenden Gewissen, bis er jenen gesegneten Zustand im Leben erreicht, in dem er seine inneren und äußeren Aspekte in ein konstante, funktionierende Harmonie gebracht hat, in welcher die Gesetze des äußeren und inneren Wachstums, Karma und Dharma, zu einem verschmolzen sind. Ist diese Verschmelzung erst erreicht, dann ist er aller Seligkeit, die auf Erden möglich ist, am nächsten. Die Umsetzung des Inneren im Äußeren und des Äußeren im Inneren ist umfassend und beständig, und zuweilen gelangt sogar blitzartig der Geist der Prophetie zum Ausdruck.

Leben und Religion im alten Ägypten scheinen unter einem starken Einfluss des vierten Strahls gestanden zu haben. Der Alltag in jenem Land war repräsentativ für das wahre Leben, und diese Abbilder des wahren Lebens waren sehr gegenständlich. Betrachten wir zum Beispiel die Architektur des alten Ägyptens mit ihren zueinander geneigten Linien, den runden und ausgebauchten Säulen und die häufige Darstellung – nicht nur zur Ausschmückung dienende Muster – tierischer und pflanzlicher Motive. Die plastische und bildliche Darstellung menschlicher Gestalten und anderer Lebewesen wiederum geschah auf eher stereotype, fast mathematisch anmutende Form, anders als man es sonst irgendwo zu sehen bekam.

Diese Wahrnehmung der Entsprechungen zwischen Formen und Lebewesen war von zentraler Bedeutung im Verständnis von Magie, die im Leben damals offensichtlich eine sehr große Rolle spielte. Magie war auch eine Form der Kunst, in der Symbol und Andeutung zu Interesse und Macht führten – eine Kunst, die im Geiste dessen schön war, der den Schlüssel zu ihrer Deutung besaß, jedoch nicht aufgrund ihrer äußeren Form. Es gab Bestrebungen, Gemütsstimmungen in Formen auszudrücken, welche wiederum dazu neigten, ähnliche Stimmungen im Gemüt ihrer Betrachter auszulösen oder herbeizuführen. All diese Zusammenhänge sind mit unseren modernen Kenntnissen der Psychologie weitgehend vereinbar. Ich würde es folgendermaßen ausdrücken: Die Ausdrucksformen des Lebendigen sind immer gekrümmt, weil das Leben unberechenbar ist. Gerade Linien und Winkel dagegen sind berechenbar; man sieht, wohin sie führen. Die Begebenheiten des Lebens sind jedoch nur als Kurven auszudrücken, von denen wir nicht erwarten können, dass sie sich in eine bestimmte Richtung weiter verlängern. Dies würde nämlich voraussetzen, dass sie durch einen bestimmten Radius definiert sind – der eine Gerade ist. Um diesen Gedanken korrekt zu erfassen, muss auch in Betracht gezogen werden, dass es in einer Kurve keine Winkel gibt.

Das Denken des vierten Strahls vermag diese Wahrheit *irgendwie* zu erfassen. Damit geht die Erkenntnis einher, dass wir uns in einer Welt des Todes befinden. Dies ist anerkannt und akzeptiert. Ein fertiges Objekt ist eine gestorbene Handlung. Eine Idee ist ein toter Gedanke. Handeln geschieht hauptsächlich, um die Notwendigkeit künftigen Handelns zu ersparen, und Ähnliches gilt für das Denken: Es geschieht, um Ideen zu fixieren, welche weiteres Handeln ersparen werden. Damit sind sowohl Handeln als auch Denken selbstzerstörerisch; sie führen eine tote Welt herbei, deren Verdienst und Vorteil darin bestehen, dass sie keine Schwierigkeiten bietet. Unsere Teppiche und Kleidung sind tote Baum- und Schurwolle, unsere Möbel sind tote Bäume, unsere Häuser – besonders diejenigen aus Ziegelsteinen und Zement – sind mineralisches Material und damit so tot, wie Materie überhaupt sein kann. Aber in all diesem liegt eine große Schönheit, weil es nicht bloß eine Gefängnis-Welt des Todes, sondern aufgrund seiner Unwandelbarkeit eine materielle Basis für den Ausdruck neuer Gemütskräfte ist. Diese brechen mit einer neuen Kreativität durch die alten Ängste und Abneigungen hervor und erschaffen Formen, die herausfordernd und erzieherisch sind – nicht nur pflanzlich Schönes und tierisch Schönes, sondern etwas Menschliches und schließlich Göttliches. Wohl aus diesem Grund haben sich die Denker im alten Ägypten so intensiv mit dem Tod beschäftigt. Sie harmonisierten Tod und Leben.

In unserer modernen Zeit kommt das gleiche Problem im Bereich der Biologie auf. Wenn wir mit menschlichen Intentionen und Zielsetzungen leben, zerstören wir die Zellen unseres Körpers – warum diese Zerstörung, da nur die nützlichen erhalten bleiben sollten? Während wir selbst ruhen oder schlafen, überantworten wir unseren Körper der Sorge pflanzlicher und vegetativer Vorgänge in seinem Inneren und finden danach seine Gesundheit wiederhergestellt. Was für ein gefallener Engel dieser menschliche Geist auch ist, können wir doch sehen, wie sein Gehorsam gegenüber einem spirituelles Gesetz hinter oder jenseits von ihm die Welt und sich selbst retten wird.

Ein jeder kann den Einfluss von Formen und Farben auf Gemüt und Stimmungen beobachten. Wenn Sie zum Beispiel einen Raum betreten, der mit runden, gekrümmten Formen und blumigen Mustern tapeziert ist, werden Sie feststellen, dass Ihre Emotionen davon angeregt werden, doch wenn Sie in einen Raum kommen, der mit rechteckigen und rechtwinkligen Mustern dekoriert ist, beeinflusst Sie dies mehr auf mentaler Ebene. Solcher Einfluss wirkt direkt, und es gibt viel Symbolik, die auf diese Weise Einfluss ausübt. Zudem heftet sich unser Denken an Dinge und Formen, und bei den Gedanken zieht Gleiches Gleiches an; deshalb tragen sehr viele Symbole viel Gedankenkraft in sich. Sensitive Personen vom vierten Strahl können dies fühlen. Viele Aspekte und Beispiele von „Kunstmagie" machen sich diese Wahrheiten und Zusammenhänge zunutze. Der praktische Magier, der nach diesen Gesetzmäßigkeiten tätig ist, gehört zum vierten Strahl.

Den Einfluss des Strahles können wir in einer großen Vielfalt von Aktivitäten erkennen. Menschen, bei denen er stark ausgeprägt ist, haben wahrscheinlich offenkundige schauspielerische Qualitäten. Wenn sie in eine bestimmte Stimmung gelangen oder einen Gemütszustand hervorrufen wollen, so erreichen sie dies, indem sie eine entsprechende äußere Form oder Haltung annehmen. Wer sich zum Beispiel fromm fühlen möchte, legt die Kleidung an und nimmt die konventionelle Gebetshaltung ein, die der Kirche oder dem sakralen Raum seines Landes oder seiner Religion entsprechen, und der erwünschte Gemütszustand tritt ein. Menschen dieses Schlages finden wir überall; sie geben vor, etwas zu sein, das sie werden wollen. In ihrem Falle ist dies jedoch keine Vortäuschung oder Heuchelei – auch kein Verlangen, andere zu beeindrucken –, sondern einfach die Annahme, die sehr bald zur Wirklichkeit wird. Ich hörte von einer englischen Dame, die in Indien gewesen war, sich dort in die Hindu-Philosophie verliebt hatte und nun sehr darauf bedacht war, bis ins Innerste ihrer Seele von jener Lehre durchdrungen zu werden. Nach ihrer Rückkehr nach London bestand sie darauf, sich im indischen Stil zu kleiden und ihre Mahlzeiten auf dem Fußboden sitzend einzunehmen. Ihre Feinde lachten und ihre Freunde nahmen es zähneknirschend hin – sie aber gehorchte dem, was sie als richtigen Impuls empfand.

Menschen vom vierten Strahl erweisen sich oft als gute Schauspieler. Wenn sie sich in die Stimmungen und Gefühlszustände versetzen, die sie darstellen wollen, folgen sie auch im äußeren Verhalten und Handeln, ohne besondere Aufmerksamkeit, aber mit größter Leichtigkeit, den mit jenen Zuständen einhergehenden Formen und Verhaltensweisen. Die anmutige Seite körperlicher Kultur und Ausdrucksfähigkeit ist ebenfalls eine ihrer Stärken – die wir zum Beispiel bei den Spaniern beobachten können –, weil sie der körperliche Ausdruck ihrer spirituellen Freiheit sind. Jede Art der Umsetzung von Gemütszuständen in äußere Gestalt und Ausdruck und umgekehrt finden wir unter den mannigfaltigen Aktivitäten dieses Strahls. Magier, Schauspieler und Künstler oder Dichter – sie alle haben hier ihren Platz.

In Indien, wo alles in so außerordentlicher Fülle und Vielfalt zu finden ist, dass dieses Land ein repräsentativer Auszug der gesamten Menschheit zu sein scheint, ist der Einfluss des vierten Strahls in der Kunst und in einigen Formen der Religion deutlich zu erkennen. Wenn ein Mensch aus der westlichen Welt das Glück hat – und dies ist selten genug –, dank seiner tiefen Sympathie die echte Freundschaft und das Vertrauen einer indischen Familie zu gewinnen, so dass kein Teil ihres Lebens vor ihm irgendwie verborgen oder verstellt wird, erlaubt man ihm vielleicht sogar, die Dinge zu sehen, die sich in dem Schrein befinden, den es in jedem Hindu-Haushalt gibt. Da wird er Bilder oder Abbildungen von Gottheiten vorfinden, die nach westlichem, äußerlichem Kunstverständnis alles andere als schön sind. Doch er wird beobachten können, dass sich seine indischen Freunde diesen Objekten nur mit tiefster Ehrfurcht nähern und mit Ausrufen der Verzückung über ihre Schönheit sprechen. Die Schönheit ist vorhanden, wenn auch im Auge des Betrachters, und ihre lebendige Wirklichkeit wird durch die vertrauten Andeutungen der Bilder und Abbildungen geweckt.

Dies ist im Gebrauch der Sprache nicht völlig anders. Das Wort Schönheit ist selbst alles andere als schön, doch sobald es ausgesprochen wird, kommen uns Bilder und Vorstellungen von Schönheit in den Sinn. Es ist wahr, dass Sprache über die bloße Bedeutung ihrer Worte hinaus auch Schönheit besitzen kann, dieser Aspekt jedoch gehört zum siebten Strahl. Der Gebrauch der Sprache zum Ausdruck von Ideen ist eine Kunst, die wir vor allem mit dem vierten Strahl assoziieren. Der Mensch vom vierten Strahl hat gewöhnlich einen großen Wortschatz.

Wir haben festgestellt, dass beim ersten und beim siebten Strahl der Wille dominiert, beim zweiten und sechsten Strahl die Liebe, und beim dritten und fünften Strahl das Denken. Beim Menschen des vierten Strahls, der zu keiner dieser Paare gehört, sind gewöhnlich alle diese drei Kräfte des Bewusstseins in mehr oder weniger gleichen Anteilen vertreten; keine von ihnen ist jedoch so vollkommen, wie wenn er sich entsprechend einer dieser anderen Richtungen spezialisiert hätte. Dieser ausgeglichene Zustand schenkt dem Menschen Imagination, eine Verbindung von Willen, Liebe und Denken. Wenn der Mensch vom vierten Strahl über ein Problem nachzudenken beginnt, wird er sich kaum allzu lange bei der logischen Abfolge aufhalten. Seine Gefühle nehmen sich der Sache an, und häufig wird ihm die Lösung plötzlich in den Sinn kommen, offenbart von der Konzentration seines Willens. Spricht ein Thema jedoch seine Gefühle an, so kommt auch seine Logik ins Spiel und zeigt ihm vielleicht den heiteren Aspekt der Situation, vielleicht den Zweck der Ereignisse.

In ihrer positiven Form ist diese Imagination eine magische Kraft, und das menschliche Leben ist voll davon. Wenn er Dinge betrachtet, sieht der Mensch das Leben; wenn er das

Leben betrachtet, sieht er die Welt der Dinge. Er kann seine Aufmerksamkeit nicht auf eines allein richten. Wer auf diesem Gebiet starke Fähigkeiten erlangt, wird sich als echter Magier erweisen. Er verbindet das Sichtbare mit dem Unsichtbaren; er erzielt sichtbare Resultate durch unsichtbare Mittel und mit sichtbaren Mitteln unsichtbare Resultate.

Schriftsteller mit diesen Qualitäten besitzen einen großen Schatz an bildlicher Sprache, um ihre Vorstellungen zu präsentieren; ihre erstaunliche Begabung zur Analogie greift auf Bilder von den entlegensten Enden der Erde zurück. Weite Gedankenflüge, wie jene von Shakespeare und Kâlidâsa, beruhen auf dieser Fähigkeit.

Die Kraft der Imagination kann etwas sehr Lebendiges sein und zeigt sich in einzigartig starker Ausprägung vor allem im Leben von Kindern. Ich hörte kürzlich von zwei kleinen Mädchen, die darüber sprachen, was sie tun würden, wenn sie erwachsen wären: Eines von ihnen sagte, dass sie ein hübsches Zuhause und eine Menge Kindern haben werde. Ihre Freundin, die offenbar in einem alles andere als idealen Umfeld aufwuchs, erwiderte: „Und ich werde eine Schule haben, und deine Kinder werden dorthin kommen. – Und ich werde sie ohrfeigen, ohrfeigen, ohrfeigen!", fügte sie mit Begeisterung hinzu. Das erste Mädchen brach in Tränen aus, und zwischen zwei Schluchzern fragte es: „Du bist schrecklich! Was haben dir meine Kinder denn getan, dass du sie so schlagen willst?"

Eine solche lebhafte Imagination findet man im späteren Leben nicht oft, doch sie ist in den älteren Kulturen viel häufiger festzustellen als in der indogermanischen Gruppe. Ein chinesischer Arzt erzählte mir, wie sehr er es in seiner Freizeit genoss, sich in seinen großen Sessel zurückzulegen und vorzustellen, dass er im Himmel sei. Was er da erlebte, war für ihn offenkundig so real, dass es fast so gut war wie der „echte" Himmel.

Auch den Wert der Imagination für Ruhe und Schlaf wollen wir nicht übersehen. Das bewusste Bauen, Einrichten und Genießen von Luftschlössern ist eine der besten Methoden, um einzuschlafen und den müden Geist zu entspannen. Es ist gut, sich zuweilen Träume vom Genuss des Unmöglichen oder des Beinahe-Unmöglichen zu gönnen – vorausgesetzt das Erträumte ist wirklich human; das heißt es ist nicht sinnlich, sondern handelt von Gesundheit, Wohlstand und Schönheit. Mögen sich die Kranken, die Verstümmelten und die Korpulenten hin und wieder gedanklich der Schlankheit und Geschmeidigkeit eines gesunden Körpers erfreuen – ohne solche Vorstellungen irgendwie mental zu erzwingen, sondern indem sie ihrer Phantasie freien Lauf lassen, die sich etwas als wirklich vorstellt, von dem sie jedoch weiß, dass es eingebildet ist. Das Visualisierte wird anfangen, Einfluss auf die Wirklichkeit zu gewinnen. Wenn es jedoch zu diesem Zweck und nicht für die schlichte Freude daran ersonnen wird, dann wird es verdorben. Dies ist keine Wirklichkeitsflucht, sondern ein wichtiger Teil unserer Kraft. Bei der Wirklichkeitsflucht blieben wir gefesselt, da jede Geduld auch Ungeduld enthält. Beim Genießen aber wachsen wir. Wer wirklich menschlich ist, braucht weder Ansporn noch Ziele, weder Strafen noch Belohnung.

In der westlichen Welt sind es die Iren, die die mentalen Qualitäten des vierten Strahls deutlich verkörpern. Häufig weisen sie eine Kombination von Fähigkeiten auf, die andere verblüfft oder amüsiert – je nachdem, ob die Gelegenheit ernst oder heiter ist. Sie bringen Logik in Situationen, in denen man sie am wenigsten erwartet, und wechseln ebenso leicht vom Verstandesdenken zur Phantasie. Es ist in der Tat ein typisches Charakteristikum dieses Strahles, dass Aktivitäten mit einer bestimmten Qualität oder Verfassung beginnen, doch dann oft in einer anderen enden. Was fröhlich begann, endet oft in Melancholie; was ernst anfing, kann spielerisch werden.

Solche Stimmungswechsel sind der Ursprung von vielen irischen Witzen. Man erzählt sich von einem Herrn, der eines Tages auf seinem Spaziergang einem irischen Freund begegnete, der neben der Straße mit Graben beschäftigt war.

Er stellte ihm die Art von rhetorischer Frage, die man bei solchen Gelegenheiten oft zu hören bekommt: „Hallo Mike", sagte er, „was machst du da? Gräbst du ein Loch?" – „Nein", kam die Antwort prompt, „ich häufe die Erde auf und lasse das Loch übrig." Zu einer gewissermaßen umgekehrten Version dieses Dialogs kam es, als ein Ire für eine Bauarbeit angestellt werden sollte und gefragt wurde, ob er gewohnt sei, auf Leitern zu steigen, und antwortete: „Nein, Sir, ich bin noch nie eine Leiter hinaufgestiegen – bis auf das eine Mal, als ich in einen Brunnen hinabgestiegen bin." Mancher, der sich das Gesetz, oder vielmehr Regeln, zum Fetisch gemacht hat, kann selten die schlichte Logik des Iren verstehen, der nicht nach Formeln lebt, sondern Vorschriften missachtet, wenn sie ihm überflüssig erscheinen.

Wenn wir diesen Strahl mit einem Ausflug ins Tierreich illustrieren wollen, so muss dies mit Vorsicht geschehen, um nicht das Tier und den Menschen zu verwechseln. Das Tier ist viel einfacher und hat nicht die Möglichkeit des kompensierenden Ausgleichs wie der Mensch; mit anderen Worten, das Tier vermag nicht, wie der Mensch, seine sekundären und untergeordneten Strahlen im Dienste des dominierenden oder führenden Strahles zu aktivieren.

Unsere Vettern vom Stamm der Affen zeigen die Qualitäten des vierten Strahls, wie ich das Vergnügen und Glück hatte, bei gelegentlichen Begegnungen an ihren Lieblingsplätzen zu beobachten. Man sehe sie, wie sie mit irgendeinem ernsten Geschäft beginnen – und einen Moment später hüpfen und übereinander Luftsprünge machen. Man betrachte die nachdenkliche Melancholie ihrer Stille und die völlig unbefangene Verspieltheit ihrer Aktivität sowie den Humor, den sie zwischen diesen Zuständen versprühen. Man beobachte, wie sie über sich selbst lachen, wenn sie nicht in die Tiefen der Verzweiflung stürzen oder gespannt ein großes Unternehmen verfolgen. Man beobachte, wie sie sich verstellen, darstellen und das Gesehene nach-äffen – und man achte auf die unvollendete und veränderliche Qualität in all ihrem

Tun. Zusammenfassend möchte ich einige Zeilen aus dem *Wanderlied der Bandar-Log* von Rudyard Kipling zitieren, der die Stimmungen der Tiere auf geniale Weise einfing und zeigte, wie sie innerlich zwischen Seligkeit und Niedergeschlagenheit und äußerlich zwischen Aktivität und Inaktivität wechseln.

Wanderlied der Bandar-Log

In Schwinggirlanden, so toben wir
fast bis zum neidischen Mond hinauf!
Wärt ihr nicht gern prächtig mit dabei?
Hättet ihr nicht gern Extrahände?
Hättet ihr nicht gern Schwänze – *so* –
fein gekrümmt wie Cupidos Bogen?
Jetzt seid ihr böse, bloß – was? egal,
Bruder, dein Schwanz schleift hinten nach!

Im Geäst sitzen wir in Reihen,
denken an all die feinen Dinge;
träumen von Taten die wir gleich tun,
ganz komplett in ein paar Minuten –
irgendwas Edles und Großes und Gutes,
fertig, wenn wir nur wollten, wir könnten.
Jetzt machen wir gleich – was? egal,
Bruder, dein Schwanz schleift hinten nach!

Alles Gerede das wir je hörten
von Fledermaus oder Tier oder Vogel –
Fell oder Flosse oder Schuppe oder Feder –
plappert es schnell und alle zusammen!
Großartig! Wunderbar! Gleich noch mal!
Jetzt reden wir genau wie Menschen.
Tun wir mal, als wären wir – was? egal,
Bruder, dein Schwanz schleift hinten nach!
Also komm, hüpf mit uns, wenn wir durch

die Bäume wuseln,
zischen wo wilder Wein schaukelt, licht und hoch.
Bei dem Müll, den wir machen, und bei unsrem
feinen Lärm,
seid sicher, seid gewiss, wir tun gleich ganz was Tolles!

Übersetzung: Gisbaert Haefs,

Diese vergleichende Illustration menschlicher Qualitäten durch tierisches Leben geschieht nicht mit der geringsten Intention, irgendetwas verächtlich zu machen. Die Tiere sind so sehr zu bewundern, dass sie sich hervorragend als Gegenstände unseres Nachdenkens eignen. Betrachten Sie zum Beispiel die treue Hingabe des Hundes und die Entspanntheit der Katze; man kann nicht umhin, bereits von einem kurzen Blick auf diese Tiere zu profitieren. Die Qualitäten des Affen und seines Verhaltens sind sowohl für unseren Geist als auch für unseren Körper von Bedeutung. Sie zeigen die Pionier-Qualität, die Grundlage all unseres Versuchens und Irrens. Selbst der strengste Wissenschaftler muss sich die Höhenflüge seiner Imagination ins Unbekannte erlauben, bevor er seine Theorien formulieren kann. In Literatur und Kunst empfinden wir seine Funktion als sehr erfrischend und instruktiv, wenn wir unserem Geist erst erlauben zu spielen, ohne sich zu sehr von der Dominanz der materiellen Stabilität einengen zu lassen. Auf diese Weise lernen wir die Freuden der Leichtigkeit. Im Hinblick auf unseren Fortschritt könnte Emerson Fakten als bloße Zeichen von Wirklichkeiten betrachten, die ewig im Himmel sind. Im praktischen Leben akzeptiert keiner etwas „für immer“ – allein der Gedanke, dass irgendetwas „für immer“ sei, stürzt uns in tiefste Schwermut. Selbst „vorwärts und aufwärts für immer“ hat diese Wirkung. Die Tür des Gemüts muss offen sein für das, was wir nicht wissen oder kennen.

Kapitel 15
Der fünfte Strahl

Unsere Abhängigkeit von der Natur der Dinge – von den Naturgesetzen – ist eine Tatsache, die außer Frage steht. Keiner fragt: „Bin ich, oder bin ich nicht?“, und wir können die Existenz einer Welt bestätigen, die zwar der Befriedigung unseres Wollens, Liebens und Denkens entgegensteht und sie behindert, uns aber stets gibt, was wir benötigen. Die Erkenntnis und Anerkennung unserer Abhängigkeit von dieser äußeren Welt ist das Hauptcharakteristikum der letzten drei Strahlen. Es ist ein dankbares, von Religiosität und Gehorsam erfülltes Akzeptieren, weil es eine Vertiefung und Veredelung des Lebens bewirkt und empfinden lässt. Gott – ob als solcher anerkannt oder nicht – wird als außerhalb, in der Welt empfunden. Für Menschen der Strahlen fünf, sechs und sieben sind die Formen, die Gott annimmt, das Wahre, Gute und Schöne. Unter Gott verstehen wir das, was man anstreben und dem man zu gehorchen hat.

Nachdem wir die ersten drei Strahlen als die selbstbewussten Prinzipien beschrieben haben, können wir die letzten drei Strahlen als von Hingabe geprägt bezeichnen. Dies gilt also auch für den fünften, den wissenschaftlichen Strahl – auch wenn er dies gewöhnlich nicht weiß. Unter dem Einfluss dieses Strahls beugt sich der denkende Teil des Menschen im bedingungslosen Dienst für den großen Weltgeist, die Welt der Ideen, das Universum des Gesetzes, und stellt sich selbst unter den Schutz dieser Welt. ›Wahrheit‹ ist der Name für die höchste Wirklichkeit, wenn diese so gesehen wird, und auch wenn der Wissenschaftler auf seiner unermüdlichen Suche nach mehr Wahrheit alles Übrige geradezu schonungslos untersucht und hinterfragt, stellt er die Wahrhaftigkeit der Wahrheit oder die Tatsächlichkeit der Tatsachen niemals in Frage. Er beugt sich vor ihnen in vollkommener und glücklicher Unterwerfung, weil sie letzte und höchste Wirklichkeit sind. Wer ihr Antlitz geschaut hat, für dessen Seele ist ihre Autorität offenbar.

Für den Menschen vom fünften Strahl ist die Wahrheit der Welt das Fundament der Wirklichkeit, und seine Suche nach Wissen ist deshalb eine religiöse Aktivität, die vor allem auf Glauben beruht. An einer anderen Stelle habe ich sein Bekenntnis so formuliert: „Ich glaube an die Welt als einen Ort, an dem Wahrheit gefunden werden kann. Ich glaube an den menschlichen Geist als ein Instrument zu ihrer Entdeckung, und ich glaube, dass sie sich, wenn der Mensch sie entdeckt hat, als ein Vorteil für dessen Leben erweisen wird."

Wenn wir den Zustand des Wilden demjenigen des zivilisierten Menschen von heute gegenüberstellen, wird der Wert dieses Bekenntnisses sichtbar. Der Wilde kennt nur wenig Gemütsfrieden – aus einem einfachen Grund: Er weiß nicht, dass er über alles nachdenken kann. Er akzeptiert viele Dinge – wie Donner und Blitz, Schatten und Krankheit – als große Mysterien, und hat wenig Ahnung davon, wann oder wo oder wie er von ihnen getroffen werden kann; deshalb ist er voller Angst vor solchen Ereignissen. Der zivilisierte Mensch hingegen weiß viel über die Welt und hat die Wahrnehmungsmöglichkeiten seiner Sinne und die Kraft seiner Hände auf unzählige Weisen gesteigert – die allzu vertraut sind, um der Erwähnung zu bedürfen –, deren Vorteilen er nicht einmal einen Augenblick im Laufe des Tages entrinnen kann. Merkwürdig ist gleichwohl, dass der Mensch von heute – trotz aller seiner Errungenschaften, die ihm ständig zu Diensten stehen, und trotz seiner großen Bereitschaft, die Triumphe zu bewundern, die die Wissenschaft im Laufe der Zeiten für uns errungen hat – immer noch manche Dinge als Mysterien betrachtet, die sich seinem Denken entziehen, zum Beispiel das Problem des Todes. Eine Trennungslinie zu ziehen zwischen dem, was man erfahren und wissen kann und jenem, was sich der Erfahrung entzieht, ist ein Überbleibsel aus dem primitiven Leben des Wilden. Die Vertreter des fünften Strahls jedoch, die ihre Rolle im Fortschritt der Menschen spielen, werden jenes Vorurteil eines Tages beiseite räumen und das Wissen über Tatsachen – selbst über den Tod – erringen und beherrschen, noch lange bevor selbst unsere indo-europäische Kultur zu ihrem Ende gelangt. Es ist unmöglich, die gottgleichen Höhen des Wissens und der Macht zu ahnen, in welche die Wissenschaft das Leben der Menschheit auf Erden im Laufe der Zeit führen wird. Eine solche Erkenntnisstufe wird eintreten aufgrund der Methodik des Wissenschaftlers, der seine Fakten mit größter Aufmerksamkeit prüft, sie, ohne bestimmte Resultate zu erhoffen, leidenschafts- und vorurteilslos vergleicht und seine Gedanken darüber erst dann als Wissen, seine Hypothesen als Theorien akzeptiert, wenn er sie wieder und wieder geprüft und getestet hat.

Um zu erkennen, dass der Glaube hinter der Wissenschaft steht, rufe man sich für einen Augenblick die Zustände im Europa des Mittelalters in Erinnerung, als das Licht des Wissens von den grausamen und feigen Männern jener Zeit verdunkelt wurde, die im Namen der Religion gewaltige weltliche Macht ausübten. Sie hatten entschieden, dass diese Welt nicht wirklich Gottes Welt und dass Er irgendwo anders sei. Obwohl Gott uns als Seelen für eine Zeit der Bewährung auf diese Erde gestellt habe, lasse Er zu, dass uns Sein großer Gegenspieler, der Teufel selbst, einer lebenslangen Prüfung unterziehe. So kam es, dass diese Welt für eine Welt des Teufels gehalten wurde, für einen Ort der Unwahrheit. Wissen über die Welt zu erlangen, würde den Menschen in die Verdammnis führen, und selbst ihr Verstand und Geist, mit dessen Hilfe die Erdenmenschen ihre Erforschungen der Welt anstellten, galt als so sündig, dass er niemals als gutes Werkzeug für die Entdeckung der Wahrheit dienen könne.

Es ist klar, dass die Menschen damals nicht wussten, dass die Welt ein Ort der Wahrheit war, doch gab es einige wenige, die fühlten, dass es so sein müsse; sie hatten den festen Glauben an eine gute Welt und an sich selbst, der so stark war, dass nicht einmal all die Schrecken der Inquisition ihn ganz zum Erlöschen brachten und das Licht der Wissenschaft völlig ersticken konnten. Jene Wenigen blieben standhaft auf ihrem Weg und gelangten allmählich zur allgemeinen Anerkennung; damit bewiesen sie die Glaubensstärke des fünften Strahles, der in ihnen loderte. Heute erkennt jeder intelligente religiöse Mensch an, dass die Wissenschaft unser physisches Leben ungemein bereichert, weit über die Stufe des tierischen Lebens gehoben und den Menschen befähigt hat, sich ruhig und friedlich mit allen Problemen seiner materiellen Existenz zu befassen und seinen Geist durch Praxis und Übung glänzend zu entfalten – und darüber hinaus, dass sie dem Gläubigen sogar geholfen hat, seinen Gottesbegriff zu erweitern.

Zu allen Zeiten haben sich die Menschen ihren Gott als den Herrn des Universums vorgestellt. Früher hielten sie die Welt für nichts weiter als eine große Scheibe mit einem Himmelsgewölbe – oder vielleicht einer Art umgedrehter Puddingschüssel – darüber, auf Pfeiler gestützt und mit kleinen Löchern, durch welche das Licht der himmlischen Bereiche in Gestalt von Sternen scheinen konnte. Jene Vorstellung von der Größe und Würde des Herrn des Universums ist nicht zu vergleichen mit derjenigen, die der gläubige Mensch von heute auf sein erweitertes Weltbild stützt mit seinen Wundern im Großen – den Millionen von Welten im endlosen Raum, die uns die Astronomie offenbart hat – und den Wundern im Kleinen, die Chemie und Physik uns erschlossen, sowie den Wundern des Lebens in der Natur, die uns die Biologie enthüllt. Sie alle zeigen uns ein unfassbar wundervolles Universum, das uns jeden Tag neue Ausblicke eröffnet.

Der religiöse Zug des Menschen vom fünften Strahl ist auch an der Art und Weise zu erkennen, wie er unbeirrt die

Gesetze der Natur verehrt und mühelos an die Unsterblichkeit der Materie glaubt. Niemals hegt er den Wunsch, das Wirken eines Naturgesetzes auch nur um Haaresbreite zu ändern, noch würde er – stände es in seiner Macht, dies durch eine Bewegung seines kleinen Fingers zu bewirken – es wagen, die Ordnung der Dinge nach eigenem Gutdünken zu modifizieren; so perfekt erscheinen ihm die Organisation und das Funktionieren seiner Welt, die stets sein bester Lehrer ist. Der Mensch unter dem Einfluss des fünften Strahls sieht es ganz deutlich: Wann immer es dem Menschen gelingt, etwas zu erfinden oder Neues zu erschaffen, bringt ihn die Natur dazu, es weiter zu verbessern. Er produziert zum Beispiel ein Kraftfahrzeug, und wenn er damit auf der Straße fährt, lernt er etwas Neues über das Fahren, welches er ohne äußere Hilfe nicht erfahren haben könnte; dabei übt und vergrößert er zugleich seine Erkenntnisfähigkeit.

Sollte der Wissenschaftler ein wenig philosophieren – was nicht unbedingt seiner Gewohnheit entspricht –, könnten wir hören, wir er zu sich selbst sagt, dass sein menschlicher Geist vollkommen an den göttlichen Geist angepasst ist, der wiederum in den Gesetzen der Natur zum Ausdruck kommt. Aus diesem Grunde lernt er ständig dazu, wird reicher und umfassender durch die Anwendung seines Wissens in einer Umgebung, die so perfekt zu ihm passt. Wäre unser Wissenschaftler auch religiös und geistig strebend, würde er diese Aussage ergänzen und sagen, dass die Welt uns mit der Natur Gottes vertraut macht und uns Menschen Ihm ähnlicher. Sie bringt uns näher zu dem Allwissenden, indem sie uns Augenblick für Augenblick zu einem tieferen Erfassen der lebendigen Wirklichkeit leitet und uns die Wahrheit vor Augen führt, dass für den Weisen alles unendlich bedeutungsvoll ist – auch wenn es dem Toren unwichtig erscheint. Mit etwas Philosophieren würde er auch erkennen, dass der Mensch nicht mit Hilfe seines Wissens Macht über die Kräfte der Natur ausübt, sondern sich mit jenen Kräften verbündet. In dem Maße, in welchem er mit ihnen zusammenarbeitet, kooperieren sie auch mit ihm. Darin offenbart sich eines der größten Gesetze: Es gibt in den Reichen der Natur keinen wirklichen Konflikt, vielmehr arbeiten alle zum Guten zusammen.

Manchmal beeindruckt die Gesetzmäßigkeit in der Natur einen Menschen so stark, dass er sich diesem Eindruck nicht einmal in den kleinen Dingen des Lebens entziehen kann. Dann neigt er dazu, Pläne, Regeln und Ordnungen über alles zu stellen – selbst in Bereichen, in denen solche Maßnahmen unnötig sind. Ich hörte einmal von einem Mann, der alle seine Hemden und anderen Kleidungsstücke nummerierte und sich eine Kartei seiner textilen Bestände anlegte, um auf einen Blick feststellen zu können, wo sich zum Beispiel Hemd Nr. 9 gerade befand – in der Reinigung, zum Nähen, oder in welcher Schublade!

Das Tier, welches den Charakter des fünften Strahls am trefflichsten zeigt, ist das Pferd, der getreue Diener des Menschen. Vor dem Pflug, dem Wagen oder unter dem Sattel lernt es, ein gezähmtes Leben zu führen, Regeln und Formen, Gesetz und Ordnung und die Unausweichlichkeiten des materiellen Lebens zu respektieren. In der Routine fühlt das Pferd sich wohl. Es verlangt eine „stabile" Umgebung, in der es sich auf Dinge und Umstände verlassen und erwarten kann, dass sie vernünftig, nicht phantastisch sind. Wie sehr das Pferd von solchen Qualitäten abhängig ist, erkennt man leicht daran, wie es erschreckt und scheut, wenn etwa eine Zeitung plötzlich über die Straße geweht wird, und wie sehr es sein Zuhause liebt, den Stall, was nicht nur seine Wertschätzung der Nahrung widerspiegelt, die es dort erhält, sondern auch des psychischen Wohlbefindens, das es im heimischen Stall empfindet.

Hat der Wissenschaftler, als Vertreter des fünften Strahls, etwas als Tatsache akzeptiert, so ist es oft überaus schwierig – weil für ihn unbequem – ihn zu der Einsicht zu bringen, dass die Tatsachen andere sind. Doch mache ich mich damit nicht lustig über diese Qualitäten. Die Prinzipien von Nähe und Vertrautheit sind für den mentalen Prozess sehr wesentlich. Doch es gibt auch einen Mittelweg, und die Menschen müssen im Gewohnten nicht einrosten – wie die Dame, die verkündete: „Es gibt heute kein Frühstück: Wir haben keine Eier", obwohl die Küche viele andere gute Nahrungsmittel bereithielt. Aus ähnlichen Gewohnheitsgründen gehen viele Menschen nach der Uhr, wenn dazu gar keine Notwendigkeit besteht.

Auch gewisse Nationen zeigen diese Tendenz – besonders die Deutschen, Engländer, Holländer und Skandinavier, wenngleich sie bei den Engländern beträchtlich gemäßigt ist aufgrund der keltischen Beimischungen und Kontakte, denen sie unterworfen wurden, und die eine kräftige Färbung von der Qualität des vierten Strahls mit sich gebracht haben. Alle Angehörigen der indo-europäischen Traditionen weisen einen Grundeinfluss der Qualität des fünften Strahles auf, die von den anderen Strahlen modifiziert wird – in Indien besonders von den ersten drei Strahlen, bei den Kelten, Griechen und Römern vom vierten Strahl. In Amerika beobachten wir jetzt einen zunehmenden Einfluss des sechsten Strahls; dort zeigt sich die Wissenschaft weniger „rein" und deutlicher als „angewandte Wissenschaft", als sie bei den europäischen Nationen gepflegt wird. Diese neue Strömung zeugt von einer tieferen Wertschätzung der Qualitäten Güte und Großzügigkeit, die im sechsten Strahl eine wichtige Rolle spielen.

Es ist bezeichnend, dass der Zeitgeist, der sich nun gerade in Amerika entwickelt, die Einstellung der alten Hindus zu den Dingen in der Welt für die Allgemeinheit der Amerikaner geradezu unbegreiflich erscheinen lässt. „Wie konnten jene Leute früher trotz ihrer bemerkenswerten Intelligenz nicht so etwas wie die moderne, angewandte Wissenschaft entwickeln?", fragen sie. Doch die Antwort ist simpel: Sie hatten kein Interesse daran. Sehr viele Dinge, die wir heute „Güter" nennen, und sehr viel von dem, was wir „Kultur" nennen, wäre für die Menschen früher bloß eine Last – oder langweilig gewesen. Als Maxime für Komfort und Erfolg im physischen Leben galt vielmehr: „Ändere nichts ohne guten Grund." Im vierten Strahl, stellten wir fest, ist die Veränderung an sich bereits interessant. Im sechsten Strahl sind es die Güter – gute Dinge, gute Menschen und gute Götter. Diese Werte finden auch Eingang in derzeitige Unterhaltungsliteratur, in deren Mittelpunkt hauptsächlich Größe und Erfolg stehen – der bewundernswerte Held und der bewundernswerte Schurke, der bewundernswerte Dienst und das bewundernswerte Verbrechen.

Kapitel 16

Der sechste Strahl

Nachdem der fünfte Strahl Geschicklichkeit im Denken zeigte, drückt der sechste Strahl Geschicklichkeit im Fühlen aus; wie das Denken vorher, so ist nun das Fühlen auf Dinge gerichtet. Unter dem Einfluss des fünften Strahls half sein Glaube dem Wissenschaftler, zu dem Prinzip des Gesetzes in der Welt vorzustoßen; der Glaube des Menschen vom sechsten Strahl hilft diesem, zu der Güte vorzudringen, welche die Welt durchzieht oder hinter ihr steht, und sich selbst voller Gehorsam und Frömmigkeit dem zu unterstellen, das die meisten Menschen unter Gott verstehen.

Die Art und Weise, wie sich dies vollzieht, gedanklich zu formulieren, ist nicht von entscheidender Bedeutung in der Weltanschauung des sechsten Strahls. Es ist ein Fühlen, nicht logisches Beurteilen, was hinter der Aussage steht: „Es ist gut hier." So stellen wir bei diesem Strahl ein großes Maß an Begeisterung fest. Dieser Enthusiasmus ist nicht mit Willenskraft zu verwechseln. Er ist eine Form von Liebe zu „allen Dingen" – ob Personen oder Gegenständen –, und zeigt oft eine Vielfalt von Energien, die von einem Baumeister geplant oder auf ihn ausgerichtet sind, typischerweise auf eine Gestalt, die als das Werkzeug Gottes, des „großen Baumeisters aller Welten", betrachtet wird. Damit finden wir im Einflussbereich dieses Strahls sowohl den guten Soldaten als auch den frommen Religiösen, die auf „die Stimme ihres Herrn" warten, und dies im Allgemeinen „mitten im Kampf". Ein Mangel entsteht dann, wenn der Anführer einer Bewegung so „überlebensgroß" wird, dass der Anhänger sich selbst entwürdigt und gering achtet und seine eigenen Kräfte zunichte macht in dem Empfinden, es wäre eine Anmaßung, ja ein Sakrileg zu meinen, er selbst sei aus dem gleichen Fleisch und Blut und habe die gleiche Bestimmung wie der Führer. Unerfreuliche, gerissene Personen neigen zuweilen dazu, diese verbreitete Schwäche der Anhänger auszunützen. Sie unterstützen sie aus Berechnung zum Vorteil für ihre eigenen Interessen.

All dies spricht nicht gegen echte Devotion, deren Bedeutung schon mit ein wenig Nachdenken zu erkennen ist. Angenommen man tritt an den Anhänger einer Idee oder Bewegung heran – einen christlichen Menschen, um ein konkretes Beispiel zu nehmen – und fragt ihn: „Würdest du gegenüber Jesus so empfinden, wie du es jetzt tust, wenn du wüsstest, dass er Grausamkeit, Egoismus und Sinnlichkeit gelehrt hat?" Die Antwort lautet stets: „Nein. Ganz bestimmt nicht. Aber dann wäre er ja auch nicht Jesus gewesen." Man stellt eine zweite Frage: „Wem folgst du dann eigentlich nach? Ist es in Wirklichkeit nicht deine eigene Natur, du selbst?" Der Befragte mag ein wenig verwirrt sein, wenn er sich zum ersten Mal mit dieser Tatsache auseinandersetzt, dass er tatsächlich sich selbst folgt. Doch alles klärt sich auf, wenn wir einsehen, dass hier *der kleine Christus* aufgrund der Wesensähnlichkeit *den größeren Christus* erkennt und von der Nähe und Verwandtschaft profitiert, welche eine Intensivierung und Bereicherung seines Lebens und Bewusstseins bewirken.

Diese Art von Devotion ist nicht blind, sondern intelligent; sie erkennt den Wert einer Welt des Guten. „Alles, was man empfängt, ist ein Geschenk." Selbst eine Katze zu sehen – oder einen Hund, ein Reh oder irgendein anderes Tier –, bedeutet, durch das Wirken der universellen Bruderschaft des Lebens etwas von seiner „Göttlichkeit" aufzunehmen, wenn das Sehen mit dem rechten Fühlen verbunden ist. „Liebe ist Gott." Eine Frau zu sehen, die Wasser vom Brunnen holt, ist sehr verheißungsvoll, sagen die Hindus. Den Neumond durch die Bäume zu sehen[10], ein Bild oder eine Statue zu sehen, Häuser und Straßen zu sehen, einen Menschen zu sehen ... wenn dies *im rechten Geiste* geschieht, ist es ein himmlisches Frohlocken und ein unschätzbarer Segen. Möge jener Sklave, der funktionierende Verstand, beiseite treten und sich verneigen, wenn dieses *darshana* (Segen) kommt zu dem, der die Tugenden seines Strahles nicht verderben ließ von einem Mangel an Intelligenz und dem Willen, die ihn entweder aggressiv fanatisch oder untätig machen würden; die zwei „Fehlschläge" dieses Typs sind der Kreuzfahrer und der Einsiedler.

Was wir durch Liebe empfangen, nicht was wir mit Denken und Händen machen, sind die Früchte der Hingabe. Güte ist gänzlich Gnade, sie ist ganz „von oben". Sie ist keine Mitteilung, sondern ein Sakrament, dessen Priester alle Menschen sind. Es ist alles „aus dem Herzen der Natur".

In der modernen Welt gibt es viel Hinwendung zu unsichtbaren Meistern. Man findet sie in Hunderten von Bewegungen, die theosophisch oder esoterisch genannt werden. Es ist nicht so, dass die intelligenten Anhänger dieser Bewegungen an spezielle Geschenke spiritueller Kraft denken oder sich als Ergebnis der Reinheit und Lohn für ihre Hingabe die Einkehr von etwas Neuem oder Besonderem in das Feld des übernatürlichen Lebens vorstellen. Dies wäre ein pervertiertes Denken. Gott ist alles-durchdringend. Das Unsichtbare wirkt durch uns, nicht an uns. Denken wir daran, dass in der Vergangenheit schon Tausende von Menschenwesen vor uns „ins Licht" gegangen sind, in einen Bereich jenseits des Bedürfnisses nach Gegenständen, das wir in unserer begrenzten Welt der Dinge und Handlungen kennen. Wurden diese Vorausgegangenen damit aus unserer Mitte entrückt? Gewiss nicht. Alle Reiche der Natur sind bei uns – Mineralreich, Pflanzenreich, Tierreich, Menschenreich *und das göttliche*. Letzteres entzieht sich der Wahrnehmung unserer Sinne, die dem menschlichen Geist Eindrücke zuführen, und

[10] Der Autor dürfte den Vollmond meinen. (Anm. d. Übers.)

dennoch ist es so wirklich um uns wie die Luft, die wir atmen und der Boden unter unseren Füßen. Die Meister sind zweifellos da, und wir können an ihrem Leben teilhaben, doch sie sind keine Geister, die man durch Reiben an einer Wunderlampe herbeizitieren und dann beauftragen könnte, uns vor Schwierigkeiten zu bewahren oder uns mit ihrer Kraft zu füllen – was monströse Vorstellungen sind, wenn die Welt wirklich gut für uns ist und unsere Kräfte „durch die Übung und Praxis wachsen" sollen. Emerson formulierte einst:

> Dem Menschen, der ein edles Ziel erstrebt,
> dienen nicht Engel, sondern Gottheiten.

Nach dem Versuch festzustellen, was Hingabe ist, wollen wir nun zu unserer Beschreibung des Personentyps zurückkehren, der unter dem Einfluss des sechsten Strahles steht.

Obwohl der Mensch vom sechsten Strahl dies gewöhnlich nicht weiß, ist sein Weg ein großartiges Mittel zur Vernichtung von Schmerz, welchen seine zügellose Phantasie in so großzügigem Maße hervorbringt. Sie verleitet ihn in den frühen Phasen dazu, mehr zu essen, als er verdauen kann, und mehr zu ergreifen, als er halten kann, und sich nach unverträglichen Dingen zu sehnen, und so kommt es zu einer Zerstörung, die so groß ist, dass ihm der körperliche Schmerz gering erscheint angesichts des Vergnügens seiner Vision und der Ehre seines Dienstes. Er weiß, dass gut ist, was kommt – selbst wenn er nicht weiß, auf welche Weise es gut ist. Sein Glaubensbekenntnis könnte man so ähnlich formulieren wie das des Wissenschaftlers: „Ich glaube an die Welt als einen Ort von Gottes Güte und daran, dass uns die Gefühle des Herzens, wenn man sie dazu ermutigt, zu einer immer umfassenderen Entdeckung jener Güte führen werden, und daran, dass die Menschen auf Gott vertrauen und sich nicht fürchten sollen. So wird ihr Glauben unermesslich belohnt werden, schon in der materiellen Welt."

Die Schlichtheit dieses Glaubens ist manchmal sehr anrührend, wie die Leser der *Fioretti* des Franz von Assisi sich erinnern mögen. Ich war sehr gut mit einem indischen Herrn bekannt, einem der führenden Rechtsanwälte in seiner Provinz, der sehr deutlich zu diesem Typ gehörte. Er war von einem tiefen Vertrauen ins Schicksal erfüllt und ging häufig zu spät zu seinem Zug. Welche geheime Kommunikation zwischen ihm und den Ereignissen bestand, weiß ich nicht, doch eins ist gewiss: Wenn er zu spät zum Bahnhof kam, hatte sein Zug ebenfalls Verspätung. Nur von einem Mal weiß ich, dass er seinen Zug verpasste, was er mit seinem bemerkenswert sanften Lächeln und den Worten quittierte: „Nun, was Gott tut, ist das Beste für uns!" Dies war seine Rede in allen Schwierigkeiten – welche zahlreich genug waren. Niemals aber war dieser Mann gleichgültig, wenn es galt, anderen zu helfen, und Hunderte von Menschen hatten Grund, ihm zutiefst dankbar zu sein. Als er starb, hatte man das Gefühl, als hätte die ganze Stadt, in der er gelebt hatte, an Licht verloren.

Es ist die Einfalt der religiösen Hingabe, die ihre spirituelle Stärke ausmacht. Nicht durch spektakuläre Gaben ist Gott in der Welt zu erkennen, sondern in der Reinheit der Anbetung. Die *Bhagavad-Gita* ist die wichtigste heilige Schrift der Hindus. Sie wird in der ganzen Welt verehrt und hat in mehr als hundert verschiedenen Übersetzungen auch die westliche Welt erreicht. Gandhi nannte sie „Mutter", weil er sich jederzeit um Hilfe und Ermutigung an sie wenden konnte, wenn er in Schwierigkeiten war. Sie war eine Lieblings-Lektüre von Emerson und Thoreau. Durch die *Bhagavad-Gita* spricht Vishnu die Worte: „Wenn mir ein Blatt, eine Blume, eine Frucht oder ein Wassertropfen mit Andacht geopfert wird, nehme ich diese Gabe einer strebsamen Seele an, weil sie mit Andacht dargeboten wird. *Was auch immer* ihr tut – oder esst oder opfert, gebt oder euch zu erlangen bemüht –, das tut aus Liebe zu mir." Niemals ist eine lieblichere Geschichte schlichter Frömmigkeit geschrieben worden als jene der Frau aus dem Dorf in *Die Leuchte Asiens,* die zum Buddha folgendermaßen sprach:

„Erhabener!
Mein Herz ist klein, und einen Lilienkelch
Füllt schon ein kleiner Regen, welcher kaum
Die Felder feuchtet. Mir ist es genug
Zu fühlen, dass des Lebens Sonne scheint,
In meines Gatten liebevollem Blick,
In meines Kindes Lächeln, und mir so
Das Haus in ew'gem Liebessommer prangt.
Froh gehn dahin die Tage mir, erfüllt
Mit Haushaltssorgen, schon vom Morgen an,
Wenn sich die Sonne hebt, und ich mich auch
Ermuntre, zu den Göttern bete, Korn
Vom Vorrat gebe, meinen Tulsibusch
Besorge und an ihre Pflichten dann
Die Dienerinnen gehen heiße, – bis
Zum Abend, wo mein Herr in meinen Schoß
Sein Haupt wohl legt und ich in Schlummer ihn
Mit sanftem Liede singe, und ihm Luft
Zuwehe mit dem Fächer. So auch dann
Am stillen Abend zu des Mahles Zeit,
Wenn ihm zur Seit' ich stehe und ihm vor
Die Speisen lege. Dann zur Schlafenszeit,
Nach dem Besuch des Tempels, dem Gespräch
Mit Freundinnen, entzünden droben auch
Die Sterne ihrer Silberlampen Schein.
...
Denn heil'ge Bücher lehren, wenn ein Mann,
Die Wandrer zu beschatten, Bäume pflanzt,
Zu Nutz' der Menschen eine Quelle gräbt,
Und einen Sohn bekommt, dem wird es gut
Nach seinem Tod; und was die Schrift uns lehrt,
Nehm' ich in Demut an.
...
Auch denk' ich, Gutes stets aus Gutem kommt,
Aus Bösem Böses – sicher – überall –
In jedem Raum und jeder Zeit – ich seh'

Aus heilungskräft'ger Wurzel süße Frucht
Doch sprossen, aber bittre Dinge aus
Dem gift'gen Stamme; ja, ich sehe auch,
Wie Groll den Haß erzeugt, doch güt'ger Sinn
Uns Freund' erwirbt, und schon im Leben uns
Geduld zum Frieden führt; und wenn einmal
Zu sterben uns bestimmt ist, soll da nicht
Das Einst auch glücklich sein so wie das Jetzt?
...
Doch
Was mich betrifft, so such' ich demutsvoll
Zu tun das Gute, wie's mein Geist erkannt,
Gehorsam dem Gesetz zu sein, – gewiß,
Was kommen muß und soll, das kommt auch wohl."

Da sprach der Herr: „Du lehrst die Lehrer selbst,
Und weiser ist dein einfach gläubig Herz,
Als Weisheit selber. ..."

Übertragung: Konrad Wernicke,

Die Hindus und Buddhisten sagen, dass die Energie der Welt nicht ohne Rücksicht auf das Wohl der Wesen, die in ihr leben, gelenkt wird, sondern allein zu deren Gutem, und sie erwähnen dabei das Karma- oder Moralgesetz, das im ganzen Universum wirkt, weshalb keinem lebenden Geschöpf irgendein Leid widerfahren kann, das es sich nicht selbst erschaffen hat, indem es dieses Leid anderen zufügte. Deshalb gebe es keinen Grund zur Angst in dieser Welt, die Gottes Welt ist.

In der buddhistischen Religion wurde dieses Gesetz schon immer als ein Segen ohne Maßen empfunden und als das Größte Gesetz der ganzen Welt – als das gute Gesetz – verehrt. Jene Menschen, die es verehren und ihr Glück darin finden, mögen in vielen Fällen auch zu dem sechsten Strahl gehören. In den zahlreichen Büchern der Hindus und Buddhisten über die Veredelung des Charakters und Verbesserung des Menschen durch Selbsterziehung wird der geistige Strebende immer wieder darauf hingewiesen, dass er sich Gott in allen Dingen beugen und zufrieden sein muss – wie es in der *Bhagavad-Gita* heißt, mit allem, das ihm ohne eigenes Zutun begegnet – und willens, alles gerade als das beste Mittel zur Vervollkommnung seines Lebens anzunehmen.

Ein gutes Beispiel dieser Art von Zufriedenheit ist das eines Bauherrn, der alles Material verwendet, das er bekommen kann. Er studiert Eigenschaften und Eignung von Ziegeln und Stein, Holz und Glas, Kalk und Sand, und ist dankbar für sie, ohne den Wunsch, dass sie anders wären. Der wahrhaft Fromme – nicht einer, der Gott bittet, ihm sinnliche Vergnügungen zu schenken – schätzt und begrüßt „Gott, unser Gegenüber", den Gott im Äußeren ebenso wie den Gott im Inneren. Im Raja-Yoga des Patanjali wird dieser Geist – dort *Ishvara-Pranidhâna* genannt – als eines der Mittel zur Schwächung der psychischen Quellen menschlicher Not beschrieben, geboren aus falschen Vorstellungen über unsere Beziehung zu unserer Umgebung. Dieser *Ishvara* oder Gott wird als Beispiel und Vorbild dessen betrachtet, was der Mensch sein soll, und als der universelle Lehrer des Yoga. Yoga wiederum ist einfach rechtes Bewusstsein, das heißt ein Bewusstsein, das nicht wie ein Boot in einem Sturm fortgetrieben wird, sondern sich seiner eigenen, ursprünglichen Kraft gewahr ist. Somit ist die Hingabe namens *Ishvara-Pranidhâna,* die Achtsamkeit auf Gott, keine Auslöschung der eigenen Fähigkeiten im Gehorsam gegenüber Regeln und Befehlen, die von einem angenommenen Übergeordneten kommen, sondern sie ist eine *Wertschätzung* dieser Fähigkeiten. Darin erkennt der kleine Christus den größeren Christus mit unglaublicher Freude und folgt seiner natürlichen (nicht psychologischen, willentlichen) Anziehungskraft dahin.

Wir müssen die Bedeutung des Wortes ›gut‹ kennen. Hingabe ist eine Aktivität, die in einem Wissen gründet, das, wie ich wiederholen muss, seinem Wesen nach nicht mental ist. Es gibt eine essenzielle Aktivität unseres Bewusstseins, welche ich „die Neigung zum Guten“ nennen möchte. Auf ähnliche Weise, wie das Denken über Dinge zwei Seiten hat – rezeptiv im Wissen und aktiv im Planen –, hat auch die Neigung zum Guten zwei Aspekte, nämlich eine devotionelle und eine funktionelle Qualität. Dieses ist in der Seele so natürlich, wie Verdauung und Ausscheidung im Körper. Es funktioniert durch Fühlen. Der geistig Strebende wird sich dessen bewusst, wenn er erwachsen wird oder über die bloßen Vergnügungen und Schmerzen hinauswächst und die mit ihnen einhergehenden Gefühle von Wut und Angst und dem Sichklammern an Strohhalmen.

Im Christentum finden wir die drei Arten von Menschen, die es in jeder Religion gibt: Die einen sind die „Anfänger“, die im Griff des Karma-Gesetzes leben und überhaupt keinen bestimmten Strahl-Einfluss zeigen, weil sie nicht Herr ihrer selbst und ihres eigenen Lebens sind, sondern in Angst und Zittern leben und die Religion als ihre Zuflucht suchen. Die anderen verehren Christus wegen seiner Liebe und seinem Dienst an den Menschen, und die dritte Gruppe schließlich ist bereit, die Menschen zu lieben und ihnen zu dienen in der Nachfolge Christi, welchen sie in erster Linie aufgrund seiner großen Güte verehren. Die zweite Gruppe sind die Menschen vom zweiten Strahl, die von ihrer Sympathie für das Leben um sie herum bewegt sind; die letzte Gruppe sind Menschen vom sechsten Strahl, zuerst Fromme, später Dienende.

Ein Aspekt dieses Strahles spielt in der Verehrung der Welt – durchaus ohne Personifizierung – eine wichtige Rolle, nämlich die Wertschätzung von Wohlstand. Unsere Welt wird von Millionen Menschen dankbar geliebt, die mit Freude die Segnungen des Wohlstandes in den großen Errungenschaften und Besitztümern der Menschheit rückhaltlos bewundern. Am ausgeprägtesten spürt man dies zur Zeit bei der Bevölkerung von Amerika.

Unter den Tieren ist es unser Freund, der Hund, der den Charakter des sechsten Strahls am besten verkörpert. Ein Herr, der nichts falsch machen kann, dessen Leben ein Kreis wunderbarer Kräfte ist, der die Quelle aller Fülle ist und das Wesen, auf das man wartet, für das man arbeitet, für das man kämpft, für das man stirbt, das einem mit jedem Spaziergang die Pforten des Paradieses öffnet, dessen Strenge irgendwie Freundlichkeit ist, vor welchem unterwürfig am Boden zu kriechen, wenn er verstimmt ist, noch höchste und erregendste Würde ist – das ist sein Gott und seine Erlösung. Mehr Hingabe ist nirgendwo zu finden.

Kapitel 17
Der siebte Strahl

Wie der Wissenschaftler den göttlichen Gedanken in der Natur sieht und der Fromme das liebende Herz anbetet, so spricht der echte Künstler auf die geschickte Hand an; die Schönheit der Natur verehrt er rückhaltlos. Dies ist der dritte der Strahlengruppe des Gehorsams und der Hingabe; unter seinem Einfluss erkennt der Künstler und Liebhaber des Schönen seinen Meister in der großen Welt – ohne seine Beweggründe und Motivation gewöhnlich in diesen Begriffen zu formulieren.

Der echte Künstler empfindet sich selbst nicht als den Schöpfer der Schönheit – nicht mehr, als der echte Philosoph sich als den Urheber der Wahrheit betrachtet, die er verkündet. Man erinnere sich an die Weisheit des Platonikers zu diesem Punkt. Er stellte die Frage: „Woher hat der Philosoph seine Wahrheit und der Künstler seine Schönheit? Erfinden diese Genies solche Dinge mit der Kraft ihres menschlichen Geistes und bringen sie damit etwas Neues in die Welt – oder beziehen sie sie aus der wundervollen Schöpfung, in der wir leben?" Er beantwortete die Frage dahingehend, dass Kunst nur eine Kopie der Natur ist, der Künstler selbst nur ein Seher der Schönheit, die die Welt mit Wundern aller Art erfüllt. Der Künstler sieht also die Schönheit, die bereits vorhanden ist – während andere Menschen verhältnismäßig blind an ihr vorübergehen.

Ich erinnere mich an eine Begebenheit bei der Ausstellung der Bengalischen Kunstschule, als einige Besucher vor einer Reihe guter Gemälde standen, die Sonnenuntergänge im

Himalaya zeigten. Laut kritisierten sie, dass es solche Farben doch gewiss nirgends bei einem Sonnenuntergang zu sehen gebe. Wenig später staunten die gleichen Menschen in Betrachtung eines realen Sonnenuntergangs: „Das sind ja genau die Farben, die wir auf den Gemälden in Kalkutta gesehen haben!" Sie hatten sie vorher nicht wahrgenommen, und erkannten sie jetzt nur, weil sie jene Bilder gesehen hatten. Deren Maler hatte sie gelehrt, auch etwas von dem zu sehen, was er selbst wahrnahm. Dies tat er, indem er einen Rahmen um sein Werk montierte oder es irgendwie isoliert an einen Ort hängte, wo das Auge des Betrachters nicht von zahlreichen anderen Dingen abgelenkt wurde. Damit bewirkte er ein unwillkürliches Innehalten der Aufmerksamkeit und eine Besinnung auf das Objekt, die es dem Betrachter ermöglichen wahrzunehmen, was er vorher übersehen hatte – und dabei eine Kraft in seiner eigenen Seele freizusetzen, die vorher gleichsam geschlummert hatte, nun aber auf recht freie Weise und selbst inmitten von Ablenkungen wirken konnte. Somit weckt der Künstler eher das Bewusstsein, als dass er seine Betrachter instruiert. Das Schaffen des Dichters führt zu einer ähnlichen Besinnung, welche die Prosa nicht herbeizuführen vermag; die gleichen Worte in einer poetischen Passage seines dichterischen Werkes vermitteln mehr als in einem Prosa-Text. Aufgrund der beim Leser oder Hörer bewirkten Besinnung birgt die Poesie mehr Bedeutung.

Die Schönheit in allem berührt den Künstler, der mehr physische Sensitivität besitzt als jeder andere, und sie kann ihn in lichte Höhen des Bewusstseins tragen, welche die Auffassungsgabe und Kraft anderer übersteigen. Ich erinnere mich an einen russischen Künstler, der die Überzeugung äußerte, dass es für Europa keine Hoffnung geben könne, solange es nicht auf die russische Kunst anspreche und zulasse, dass deren Einfluss die Zivilisation präge und das Volk umgestalte. Da sie diese Kraft erkannten, verbanden die Platoniker ihre Philosophie mit Hingabe und stellten fest, dass es zu Glückseligkeit führt, wenn wir mit tiefster Achtung und

Dankbarkeit die Werke des universellen Wesens betrachten, in dem wir unser Leben haben. Die Ekstase der Schönheit muss ein Bestandteil des *ânanda* sein, des vollkommenen Lebenszustands jenseits des Bewusstseins.

In diesem Licht betrachtet, wird der geschickte Künstler zum Mitarbeiter Gottes an der Evolution des Menschen. Auch wenn er elektrisiert und begeistert sein mag von dem, was auf den Bahnen der Schönheit zu ihm fließt – wie es alle Menschen in dem Maße sind, in dem sie darauf ansprechen können –, besitzt der Künstler den Willen, seine Gedanken und Gefühle dergestalt unter Kontrolle zu bringen, dass er sie durch seine Hände in sein künstlerisches Werk leiten kann. Dieses Vorgehen konzentriert ihn in seiner Hingabe und hilft ihm dabei, die Meinungen der Welt außer Acht zu lassen. Er sieht vor allem die Schönheit – die andere nicht wahrnehmen können –, und reproduziert sie dann, isoliert von der verwirrenden Masse an Schönem, in der sie unter gewöhnlichen Bedingungen übersehen wird. Auf diese Weise bringt er sie ins Licht der Aufmerksamkeit der anderen Menschen.

Weil der Künstler das Göttliche in den Dingen nicht aus den Augen verliert, wird er seines Strebens niemals müde; das Maß seiner anhaltenden Konzentration – einer Willenskraft –, mit der er alle seine Fähigkeiten im Dienste seines Werkes kontrolliert, ist eine rare Leistung. Denken Sie zum Beispiel an die sorgfältige und hingebungsvolle Arbeit, die in jedem kleinsten Detail der großen Tempel und Moscheen Indiens steckt. Nahezu alle Städte und großen Dörfer Südindiens haben Tempel mit Gopuras[11] oder Türmen, die mit detailreichen Schnitzereien und Formen bedeckt sind und sich in Wasserbecken spiegeln, die von künstlerisch gestalteten Wänden umgeben sind; in Zentral- und Nordindien trifft man hingegen fast überall herrliche Moscheen mit Minaretten und Kuppeln an, Paläste und Grabmäler sowie Tempel

[11] monumentaler, reich verzierter Torbau zu einem Hindu-Tempelbezirk, bes. in Südindien (Anm.d.Ü.)

eines kleineren Typs als jenem im Süden des Landes. Diese herrlichen Gebäude sind wunderschön in ihrer Größe, in Umriss und Proportion sowie in ihrer Ausschmückung durch feinste Schnitzereien. Sie sind uns als bleibende Monumente früherer Tage erhalten, als die Menschen Ekstase und Offenbarung durch Schönheit anstrebten. Heute noch sind sie ein vorzügliches Mittel zur Verfeinerung, Kultivierung und Vertiefung des Bewusstseins aller, die in ihrer Nähe leben oder sie besuchen und sich von ihrer überragenden Schönheit berühren lassen. Die besondere Anmut des indischen Volkes beruht gewiss weitgehend auf der Arbeit dieses siebten Strahles in jenem Teil der Welt. Wer ihre Schöpfer, die Architekten und Bildhauer waren, wissen wir heute nicht mehr, doch bei der Betrachtung ihre Werke erkennen wir, mit welcher Geduld und Ausdauer sie Jahr um Jahr gearbeitet haben mussten, um mit großer Präzision die vollendeten Details ihrer Werke zu gestalten. Schriftsteller vieler Nationalitäten sind sich einig in Lob und Dank an jene unbekannten Künstler für deren mühevolle Arbeit, die noch Tausende von Jahren weiterbestehen wird, um allen – überall in der Welt –, die sich der Schönheit öffnen, als Inspiration zu dienen.

Es ist nicht möglich, solche Schönheit zu betrachten, ohne selbst innerlich schöner zu werden, und diese innere Schönheit wiederum will sich Ausdruck in sichtbarer Form verschaffen. Wenn Sie die Schönheit eines leuchtenden Sonnenuntergangs betrachten – oder die Herrlichkeit der Himalaya-Bergketten oder die großen Fels- und Bergmassen von Rio de Janeiro –, werden Sie anschließend feststellen, dass deren Schönheit und Kraft in Sie eingeflossen sind. Sie fühlen sich ruhiger, friedvoller und gefestigter, als sie es vorher waren. Irgendwie sind die Stabilität und Gelassenheit Gottes auf Sie übergegangen und haben Ihr Leben im Inneren ausgeglichen, Ihnen Gelassenheit und Kraft gebracht. Dies ist Frieden, und Frieden ist Macht.

Wie das Streben nach Wissen den Geist des Menschen entfaltet, so wirkt das Erzeugen von Schönheit durch geschickte Tätigkeit verschönernd auf des Menschen Gestalt und Bewegung. Auf jedem geistigen Pfad gilt, dass der Mensch sich Gott nur nähert, indem er göttlicher wird; dementsprechend ist die wirkliche Schönheit die desjenigen, der sie erzeugt. Aus diesem Grund kann Schönheit niemals oberflächlich sein, noch ist sie durch unschöne Vorgänge zu erlangen – auch ein Wissensgebäude lässt sich nicht errichten, wenn nicht jeder Teil Wahrheit birgt. Wer aber äußere Schönheit sucht und sich damit bescheidet, Unrat unter den Teppich zu kehren, gleicht jenem, der meint, dass ihm großer äußerer Reichtum ein Leben voll Kraft und Macht geben könnte – auch wenn er selbst arm ist an innerem Reichtum wahren menschlichen Charakters. Das Pferd ist ein guter Läufer, es zeigt Geschicklichkeit in seinem Tun, echten ›Yoga‹ – und wieviel Schönheit ist in jeder Bewegung des ganzen Tieres und in jedem Teil, bis hin zum kleinsten Muskel! So ist es mit allen Tätigkeiten, die lange Zeiten der Evolution oder viel Übung vervollkommnet haben; dies offenbart uns heute mehr und deutlicher als je zuvor die Zeitlupen-Kinematographie.

In diesen wunderschönen Aktionen mögen der Philosoph oder Wissenschaftler die Stabilität des Prinzips der Schönheit aufspüren; der Künstler selbst dürfte an diesem Aspekt der Angelegenheit nicht sonderlich interessiert sein. Jenes Gleichmaß und Gleichgewicht in der Bewegung ist tatsächlich so stabil wie die prächtige Form eines großartigen Beispiels moderner finnischer Architektur. Bei der Betrachtung solcher Dinge wird jedermann sagen: „Selbst wenn ich in den höchsten Himmel gehe, muss ich mindestens dieses hier mit mir nehmen.“ Es geschah mit einem echten Empfinden, dass die Schriftsteller der Puranas die Straße zu Yamas gesegneter Stadt mit Pferden säumten, die von Uchchaihshrava herabgestiegen waren, und Elefanten der Familie von Airâvata und Enten auf wunderschönen Teichen und Flüssen und großen Bäumen, die üppigen Schatten spendeten. Schönheit ist die Erholung vollendeten Tuns in Klang oder Farbe oder Form, und es ist wahr, wenn es heißt, dass von allen Dingen in der materiellen Welt Kunst allein Bestand hat. An dieser Stelle möchten wir Edwin Arnolds wunderschöne Worte über das Gesetz der Arbeit zitieren, welches die größte Vollendung im Tätigsein zeigt.

Vor allem Anfang, ohne End', gewiss
Wie Sicherheit, und ewig wie die Welt,
Gibt's eine Macht, die stets zum Guten treibt,
Nur ihre Satzung hält.

Ihr Finger rührt die Rosen, dass sie blühn,
Die Lotosblätter bildet' ihre Hand;
Sie webt in dunkler Erd, in stiller Saat,
Des Frühlings Prachtgewand.

Sie malt der Abendwolken Glanz; des Pfau'n
Smaragdbesetztes Rad ist ihr Besitz;
Auf Sternen wohnt sie; ihre Diener sind
Der Regen, Wind und Blitz.

Sie formt' aus dunklem Stoff das Menschenherz,
Aus Muscheln bunt Gefieder dem Fasan;
Am Werk beständig, lenkt sie Rach' und Grimm
Auf holden Friedens Bahn.

Das graue Ei des goldnen Kolibri
Ist ihr ein Schatz; ihr Honigmagazin
Die Bienenzelle; Ameis' und Taube weiß,
Wo ihre Wege ziehn.
...

Am unbegrenzten Himmelsbaldachin
Schafft sie der Sphären ew'ge Harmonie;
Im tiefen Grund der Erde birgt sie Gold,
Sard, Saphir, Lazuli.

Was heimlich wuchs, zieht sie ans Licht empor,
Im Grün des Hains sie haust, gibt ihre Statt
An Cederwurzeln Pflanzen wunderbar,
Ersinnt Halm, Blüt' und Blatt.

Übertragung: Konrad Wernicke,

Es ist unmöglich, über Schönheit zu sprechen, ohne Japan zu erwähnen. Ich habe die ganze Welt bereist und in zwanzig Ländern gelebt, doch nirgendwo sonst habe ich die überfließende Schönheit gesehen, die das Leben der Menschen in jenem Land erfüllt. Seine Tempel, Gärten und Kunsthandlungen zählen zu den Wundern der Welt, welche keine Worte auch nur annähernd zu schildern vermögen. Man erkennt den Wert dieser Nation für die Menschheit, wenn man erfährt, dass jede Seele, die in sie geboren wird, zwangsläufig von einem Sinn für Schönheit berührt wird, der alles übertrifft, was sie vorher erlebt hat. In anderen Ländern gibt es nur wenige künstlerische Seelen, die zudem verloren und machtlos scheinen unter allen anderen; hier aber ist alles schön, und die ganze Nation von dieser Schönheit berührt. Ihre feinen Bilder und kunsthandwerklichen Erzeugnisse fertigen sie nicht für ausländische Besucher an, sondern für sich selbst, und praktisch in jedem Zuhause gibt es im wichtigsten Wohnraum einen Schrein der Schönheit – eine Nische, etwa so groß wie eine Tür, ein bis zwei Handbreiten tief und eine Stufenhöhe über dem Fußbodenniveau. In diese Nische werden einige wenige Kunstschätze platziert – ein Bild, das Kakemono, und eine Bronze, eine Plastik aus Elfenbein, eine Lackarbeit oder etwas Ähnliches, das auf einer kleinen Ebenholzfläche oder einem Sockel steht. Wenn Sie zum ersten Mal ein japanisches Heim besuchen, denken Sie vielleicht, dass dies aller Besitz Ihrer Gastgeber sei, doch bei einem späteren Besuch werden Sie eine andere Auswahl von Kunstschätzen im Schrein der Schönheit vorfinden. Die Dame des Hauses füllt nicht die Räume mit schönen Dingen. Sie versteht das Prinzip der Schönheit und hält ihre

Sammlung verborgen, um nur wenige Stücke gleichzeitig zu zeigen.

Wo sonst treffen Sie dieses Verständnis an? Selbst die sanfteste Berührung durch einen japanischen Finger verzaubert auch den kleinsten Gegenstand mit einer Schönheit, die mehr buchstäblich ist als andeutend, denn diese Qualität ist so vollendet, dass sie den Charakter der vierten Menschheit fast verbirgt, in dem sie heimisch ist. In welchem anderen Volk gehen Hunderttausende hinaus, um die Kirschbaumblüte zu bestaunen, das Aufblühen von Bäumen, die nur für dieses Ereignis gepflanzt wurden, nicht wegen ihrer Früchte, die kaum genießbar zu nennen sind? Wo sonst finden Sie Kinder, die mit so viel Behutsamkeit behandelt und unterwiesen werden zu lächeln, selbst wenn sie in Schwierigkeiten sind – nicht um sich selbst aufzumuntern, sondern um andere nicht ihren Kummer sehen und teilen zu lassen? Dort ist Schönheit überall, und Menschen sind sehr sanft, aber erfüllt von einem eisernen Willen.

Eine kuriose Nebenwirkung dieses Prinzips, die sich über den Tastsinn Ausdruck verschafft, ist der Reinlichkeitsinstinkt bei Menschen unter dem Einfluss dieses Strahls. Hierbei handelt es sich um etwas anderes als Ordnungsliebe oder Sauberkeit, vielmehr geht es um die Beseitigung von Auswüchsen, die die Schönheit freilegen kann, die in äußeren Dingen verborgen ist. Die Japaner zeigen diese Qualität, und täglich verbrühen sie sich fast bei lebendigem Leibe – im Namen der Reinlichkeit. Es ist nicht einfach, selbst allzu sauber zu sein – doch man denke in diesem Zusammenhang an das japanische Sprichwort über das Schicksal der pingeligen Hausfrau, die versuchte, einem Tiger das Gesicht zu waschen! Es muss auch erwähnt werden, dass körperliche Kultur ein Interesse dieses Strahls ist, da sie sich auf die Schönheit des Körpers bezieht. Patanjali beschreibt mit großem Genuss die Auswirkungen in einem Aphorismus: „Vortrefflichkeit des Körpers besteht aus korrekter Form, Schönheit, Kraft und äußerster Drahtigkeit."

Es ist leicht nachzuvollziehen, wie es dazu kam, dass religiöse Zeremonien mit diesem Strahl assoziiert werden. Auch bei ihnen spielen das bereits erwähnte Innehalten der Aufmerksamkeit und die innere Ausgeglichenheit eine wichtige Rolle. Sie werden herbeigeführt durch Elemente der Schönheit nach den Maßstäben und Vorstellungen derer, die die zeremoniellen Formen festlegen. Bei modernen kirchlichen Zeremonien werden Musik, Farben und Form von Stoffen und Gewändern, Dekoration, poetische Worte, anmutige Gesten sowie angenehmes Räucherwerk eingesetzt; sie alle sollen den Teilnehmer ästhetisch ansprechen. Ältere Zeremonien unterstützten die Imagination der Besucher durch symbolische oder darstellende Handlungen. In modernen zeremoniellen Formen gibt es Instrumente, Worte und Handlungen zu verschiedenen Zwecken, und man nimmt an, dass solche Mittel nur dann wirken, wenn sie mit „Zweck" und Bedeutung verbunden sind. Es kommt zu einer Anrufung höherer Wesen – gewöhnlich Gottes –, oder, wenn diese weniger personalisiert werden, von höheren Mächten oder Kräften. Man geht davon aus, dass solche Invokationen ohne die korrekte oder vorgeschriebene Form nicht wirksam sind, und ohne Zweck sind sie ebenfalls vergeblich. Der Zweck ist der Kult oder Glaube – das Empfinden religiöser Hinwendung des sechsten Strahles. Somit kommt es bei diesen Zeremonien zu einer Kombination von sechstem und siebtem Strahl. Die Andächtigen vom sechsten Strahl erwarten schlicht und einfach, dass ihre Devotion ohne irgendwelche äußere Formalisierung funktioniert, die Menschen vom siebten Strahl empfinden ein Bedürfnis nach unterstützender ritueller oder liturgischer Form. Sekten beider Richtungen finden sich überall.

Hinter all diesen steht der Zauber, der über die Imagination wirkt, denn es gibt die *kriyâ-shakti*[12], eine Kraft, die Gedanken mit Form und Form mit Gedanke verbindet, so

[12] Handlungskraft. Die mysteriöse Kraft des Denkens, die so aktiviert wird, dass man aufgrund der ihr inhärenten Energie äußerlich wahrnehmbare phänomenale Resultate erzeugen kann (Anm.d.Ü.)

dass diese einander beeinflussen. Die sieben Strahlen könnten wir auch beschreiben als sieben Funktionsweisen dieser Kraft vor dem ganzen Welt-Hintergrund, der im Wesentlichen dem Typ des vierten Strahls entspricht; und in den Zusammenhängen und Beziehungen, die wir Leben nennen, zeigt sich stets eine unbewusste, oder vielmehr nicht wahrgenommene Unterwerfung unter diese Vorgehensweise.

Die rezeptive Seite von Zeremonien – die Stimmung des Gläubigen, welche die Person oder der Priester anspricht, der das Ritual vollzieht, hängt, wie wir noch sehen werden, davon ab, dass der Gläubige die nämlichen zwei Aspekte aufweist, das heißt hingebungsvolles Empfinden und die Wertschätzung von Schönheit in den Formen – welch letztere nicht eine gedankliche Würdigung, sondern ein direktes Empfinden ist. Im täglichen Leben wirken diese beiden Zugänge unmittelbar und unabhängig voneinander, im Rahmen des kultischen Zeremoniells werden beide zugleich angesprochen.

Wir alle kennen die direkte Wirkung von Schönheit auf unseren Geist. Schönheit erquickt uns. Schönheit stimmt uns heilig. Sei es die Schönheit in der Natur oder im Schaffen des Menschen, die Schönheit am abendlichen Himmel, in der Silhouette der Berge, auf dem Feld oder im Garten, in der Musik, Malerei, Poesie, im Antlitz, in Gestalt, körperlicher Bewegung, Schönheit im Kleinen ebenso wie im Großen – überall begegnen wir der *Offenbarung des Lebens,* und indem wir auf sie ansprechen, werden wir aufs Neue geweiht, geheiligt und erhoben, und eine neue Kraft fließt in uns und durchstrahlt alle unsere Fähigkeiten.

Auf die Gefahr hin, trivial zu wirken, möchte ich dem Leser eine kleine Übung vorschlagen, die ihn mit der universellen Präsenz dieses Zaubers der Schönheit besser vertraut machen möge. Sie entspricht etwa der Methode, mit deren Hilfe man lernt, wie sich Entspannung anfühlt, indem man es mit einem Finger oder einer Hand ausprobiert: Legen Sie Ihre Hand auf den Tisch. Betrachten Sie sie ruhig eine Minute lang, dann lassen Sie sie entspannen. Natürlich sollen Sie ihre Hand nicht entspannt „machen", denn Entspannung kann man ebenso wenig „machen", wie man sich selbst einschläfern kann.

Hier also kommt eine ähnliche Übung zum friedvollen Kennenlernen von Schönheit, in der Sie von der Kraft und Freude kosten dürfen, die Schönheit vermittelt. Nehmen Sie einen beliebigen kleinen Gegenstand und legen Sie ihn auf den Tisch vor sich hin. Es kann das Blatt einer Pflanze sein, ein Kieselstein, ein zusammengeknülltes Stück Papier oder ein Stück Bindfaden. Betrachten Sie ganz ruhig einen kleinen Teil des gewählten Objekts etwa eine Minute lang – zum Beispiel einen Teil vom Rand des Blattes. Nun richten Sie Ihre ganze Aufmerksamkeit darauf, ohne an den Gegenstand zu denken, ihn zu vergleichen oder mit etwas zu verknüpfen – sondern einfach nur schauend. Sie werden so – nicht nur gedanklich – der Schönheit als solcher gewahr werden, ihres Friedens und ihrer Kraft, und das Sakrament und die Heiligkeit dieser kleinen, einfachen Begegnung gewahren. Auf die gleiche Weise können Sie sich auch der Schönheit eines Klanges öffnen – eines Tons auf dem Klavier, auf den Sie richtig lauschen.

Das Zeremonielle ist dem siebten Strahl so wichtig, dass es in Indien viele Menschen gibt, die damit augenblicklich die zeremoniellen Formen in ihrer Religion assoziieren, welche sie als die Werke/Arbeiten betrachten, die den Menschen mit den unsichtbaren Mächten verbinden können, da sie glauben, dass der Dienst der „Unsichtbaren" *(adrishta)* ihnen und ihrer Umgebung auf diese Weise viele erhebende Gnade bringe.

In Verbindung mit solchem wiederholten und intensiven Denken und Fühlen müssen wir uns eines weiteren Elements bewusst sein – der Wirkung der sich summierenden Gedankenkraft, die in der Atmosphäre und an der Oberfläche von Dingen bleibt. Wir begeben uns in den Wirkungsbereich spezifischer Einflüsse in Kirchen, Tempeln, Schulen, Heimen, Krankenhäusern, Gefängnissen etc., die sich aufgrund der wiederholten und sich ansammelnden Gedanken und Gefühle aufgebaut haben, welche viele Menschen im Laufe der Zeit an solchen Orten bewegt, gehegt und zurückgelassen haben, so dass man hier mit Leichtigkeit von gewissen Stimmungen erfasst wird. Es muss erwähnt werden, dass diese Orte hilfreich sind, um in eine entsprechende Stimmung zu kommen. Werden diese Hilfen aber zu viel in Anspruch genommen, neigen sie dazu, an Stelle der eigentlichen Kraft zu wirken. Manchmal führen sie – wie Krücken – durch Erleichtern der eigenen Anstrengung zu einer Atrophie. Es gibt freilich einen Mittelweg – wir können Kraftfahrzeuge manchmal und in Maßen benutzen, ohne dass unsere Beine mangels Gebrauchs schließlich ihren Dienst versagen.

Im Tierreich ist es wohl die Katze, welche die Qualitäten des siebten Strahls am trefflichsten verkörpert. Dieses Geschöpf ist in jeder Hinsicht anmutig, und Schönheit in Ruhe wie in Bewegung. Eine gewisse Schwerfälligkeit zeigen das Pferd und der Elefant, ja selbst der Affe und der Hund bei bestimmten Arten, nicht jedoch die Katze. Eine Bekannte erzählte mir von einer Katze, die im Nachbarhaus wohnte und sie häufig besuchte, offenbar mit einer bestimmten Absicht. Sie spazierte regelmäßig in den Raum, wo die Menschen zusammensaßen. Fand sie dort ein brennendes Kaminfeuer vor, kam sie geradewegs herein und machte es sich gemütlich; andernfalls wandte sie sich angewidert, aber nicht minder würdevoll ab und verzog sich. Die Liebe der Katze zum Luxus ist nicht identisch mit der Liebe zur Bequemlichkeit wie bei eitlen Menschen, sondern sie dient der Befriedigung einer Sensitivität. Die Katze ist ein Geschöpf, das besonders intensiv in die physischen Lebensumstände eintritt und die Neigung zeigt, sich von Personen abzuwenden – nicht weil sie diese nicht mag, sondern weil sie mit ihrer Aufmerksamkeit anderweitig beschäftigt ist. Die Katze ist das Tier, das alles schön haben muss, das sich selbst rein halten kann, das sich mehr um Häuser kümmert als um Menschen, die es nur nach ihrer Eignung für Streichelzwecke bewertet – und vom Menschen wiederum weniger aufgrund des Gefühls von Kameradschaft geliebt wird, als weil es schön anzusehen und zu berühren ist.

Sie besitzt auch sehr viel von jener Unabhängigkeit, die besonders mit dem Willen und Handeln zu tun hat. Vergleichen Sie ihren Charakter mit dem des Hundes, der, um sich glücklich zu fühlen, abhängig von der Zuneigung der Menschen ist und sich nur ungern selbstständig und mit eigenem Ziel auf den Weg macht. Man findet keinen Hund, der ganz für sich allein spazieren geht. Hat er ein Ziel im Sinn, mag er sonst wohin gehen, doch nicht zu einem Spaziergang. Ein fast eingeschlafener Hund wird, sobald man nur seinen Namen im Gespräch erwähnt, augenblicklich mit dem Schwanz auf den Fußboden klopfen; eine Katze hingegen, der wir uns mit liebevollen Gesten nähern, wendet sich sehr häufig kühl ab, um mit sich selbst beschäftigt zu bleiben.

Kapitel 18

Die Tabelle des Meisters

Strahl	Merkmal des Strahls	Typische Magie	letzte Religion
1	Fohat-Shechinah		brahmanisch
2	Weisheit	Raja-Yoga (menschlicher Geist)	Buddhismus
3	Akasha	Astrologie (natürliche magnetische Kräfte)	chaldäisch
4	Geburt des Horus	Hatha-Yoga (körperliche Entwicklung)	ägyptisch
5	Feuer	Alchemie (materielle Substanzen)	zarathustrisch
6	Inkarnation der Gottheit	Bhakti (Devotion)	Christentum etc. (Kabbalah etc.)
7		zeremonielle Magie	elementale Religion

Dieses Kapitel mag den Anschein erwecken, als behandele es von neuem die Themen, die bereits in den Kapiteln 11 bis 17 besprochen wurden, in denen die Charakteristika eines Strahls oder Typs nach dem anderen beschrieben wurden. Tatsächlich aber entstand es recht zufällig, wie eine nachträgliche Ergänzung, nachdem das Material für jene sieben Kapitel bereits sortiert und niedergeschrieben war. Es kam zustande, weil mir Charles W. Leadbeater die oben wiedergegebene Tabelle in die Hand gab und mich nach meiner Meinung über einige der eher geheimnisvollen Aussagen fragte, die sie enthält. Die Tabelle, so erklärte er, sei ihm etwa vierzig Jahre früher von einem sehr hoch entwickelten Esoteriker gegeben worden, der auch in seiner Liste der Meister steht.

Im folgenden sollen nun einige der weniger bekannten Punkte kommentiert werden, die bis dato etwas rätselhaft waren, mir aber im Lichte des Wissens, das ich zu dem Thema bereits erworben habe, klarer erscheinen:

1. Die Wörter *Fohat* und *Shechinah,* die zusammen als Merkmal des ersten Strahls angegeben wurden, dürften jenen vertraut sein, die H. P. Blavatskys großes Werk *Die Geheimlehre* studiert haben. Fohat[13] allein würde die gänzlich unbeschreibliche Kraft des Aspektes Nr. 1 der Trinität in der Manifestation anzeigen. Sie wurde, wie wir uns vielleicht vorstellen können, auf eine für uns völlig undenkbaren Art und Weise eingesetzt, als das unmanifestierte Eine „viele sein wollte", und ist somit die Kraft, welche Vishnu und Brahmâ vereinte und von neuem erscheint, wo auch immer ein psychologisches Subjekt und Objekt in eine Beziehung treten. Fohat-Shechinah bedeutet die erste Kraft, welche die nach außen gerichtet Shakti ist und unten, auf der Ebene des Menschen, als der Wille in diesem erscheint – jene Fähigkeit oder Kraft also, mittels derer er sich selbst verändert und so Materie durch Gedankenkraft lenkt. Es ist reines Leben, das dem manifestierten Leben dient und der zyklischen Entwicklung von allem zugrunde liegt, das wächst.

Unten, auf der Stufe des Menschen, im *âtmâ-buddhi-manas,* erscheint diese erste Kraft als der Wille zum Leben. Wille ist die Freude am Sein. Tätiger Wille ist Selbstverwirklichung. Das dreifache Bewusstsein des Menschen spiegelt gewissermaßen die ursprünglichen drei Aspekte wider, die in Kapitel 1 vorgestellt wurden. Der erste enthält den Willen,

[13] Nach H.P. Blavatsky ist dieses Wort turanischen Ursprungs und bezeichnet die universale antreibende vitale Kraft (kosmische Elektrizität) oder das kosmische *prâna;* gleichbedeutend mit *daivî-prakriti* (Anm.d.Ü.).

die Kenntnis vom „Oben“ oder „Jenseits“; der zweite enthält das Fühlen, das Wissen vom Leben, und der dritte enthält das Denken, die Kenntnis vom „Unten“ oder der Form.

Ohne das Vorhandensein von Fohat gäbe es keine Beziehung oder ein Zusammenkommen von der Welt des Bewusstseins und der Welt der Form. Also ist Fohat die Kraft, durch die Denken die Form beeinflusst und umgekehrt – an jedem Punkt.

Die Tabelle listet die für jeden Strahl typische Form der Magie auf. Warum jener Meister diese Formen der Magie ausdrücklich erwähnt hat, können wir nicht mit Gewissheit sagen, doch wir dürfen Mutmaßungen anstellen. Den Hauptgrund, warum das Wissen über die Strahlen so vorsichtig enthüllt wurde, nannte bereits H. P. Blavatsky, als sie sagte, dass das Wissen über die Strahlen große Macht verleihe. Viele Menschen haben danach gesucht, um ihre eigenen Strahleneinflüsse festzustellen, und sich dann mit der jeweiligen Magie befasst in der Erwartung, dass die Kraft, die von Natur aus durch sie wirkte, auch ihre Magie mit großer Macht und verhältnismäßiger Leichtigkeit unterstützte. So lag der Gedanke an Magie recht nahe, wenn über die Strahlen gesprochen wurde.

In Verbindung mit dem ersten Strahl wird allerdings keine Form der Magie erwähnt, denn aller Wahrscheinlichkeit nach ist der Wille des Menschen selbst – ohne dass dieser zu irgendwelchen anderen Mitteln Zuflucht nehmen müsste – die einzige „Magie“, welche die stolzen Wesen unter dem Einfluss des ersten Strahls anzuwenden sich herablassen würden, und gewiss ist ihre Haltung nicht ohne Berechtigung, da sie die Kraft ihres Selbst leichter spüren, als es andere tun.

Jedermann, der mit dem Hinduismus vertraut ist – besonders mit jenen Formen, die bereits existierten, bevor die Verehrung Krishnas aufkam –, ist beeindruckt davon, dass er auf der Lehre beharrt, dass der *âtman* oder das Selbst im Menschen eins ist mit dem universellen Selbst. Dieses unbewegte Zentrum des Bewusstseins ist dazu bestimmt,

Befreiung von allen irdischen Bindungen zu erlangen – nicht durch irgendeine Gnade von außen, sondern durch zielgerichtete Meisterung jedes Aspekts des eigenen Wesens und die unerschütterliche Bejahung in Denken und Tun, die in dem großen Wort „Ich bin das" zum Ausdruck kommt. Falls jene Religion in ihren früheren Ausprägungen nicht so sanft oder weich war, wie sie sich heutzutage zeigt, dann präsentierte sie zumindest den Willen im hellsten Licht in ihren zentralen Lehren von Karma und Dharma, im Glauben an das Prinzip und den Wert der Gerechtigkeit, und durch die Zusicherung, dass der Mensch nichts zu fürchten hat, das von außen kommt, weil er selbst göttlich und der Herr seines eigenen Schicksals ist.

Der Mut und Wille des ehrwürdigen Bhîshma waren typisch für diese Religion; sie zeigten sich in seiner glänzenden Unabhängigkeit. Bedroht von König Shishupâla und dessen schrecklicher Wut, richtete er sich auf und erwiderte mit größter Ruhe: „Wisse, dass ich alle Könige der Erde so gelassen betrachte wie einen Strohhalm. Soll ich auch getötet werden wie ein Tier auf dem Felde oder zu Tode verbrennen – was auch immer geschehen mag – stelle ich hier meinen Fuß auf alle eure Köpfe. Jetzt steht vor uns der Herr, zu dem ich gebetet habe." (Am Rand möchte ich erwähnen, dass es der Aspirant vom ersten Strahl nicht nötig hat, diese Sprache nachzuahmen. Die Umstände damals waren äußerst provozierend, und Imitation – dies sei nebenbei bemerkt – ist kein Merkmal des ersten Strahls.) Später dann, als Bhîshma auf dem Schlachtfeld im Sterben lag, durchbohrt von Pfeilen und übersät von Wunden, zögerte er seinen Tod hinaus, um zu den Menschen, die sich um ihn versammelt hatten, über den Wert der dreizehn Formen der Wahrheit zu sprechen und um ihnen zu versichern, dass eigene Anstrengung mächtiger ist als Bestimmung und des Menschen Wille allen Fährnissen überlegen ist. Selbst Krishna, der den Einfluss der Liebe des zweiten Strahls im Hinduismus stärker in den Vordergrund rückte, beginnt seine Liste göttlicher Qualitäten, die vom Menschen zu entwickeln sind, mit den Tugenden Furchtlosigkeit, Reinheit *(sattva)* und dem unermüdlichen Verfolgen der Weisheit.

2. Der Begriff Weisheit, der als Charakteristikum des zweiten Strahls genannt wird, bedarf nur weniger Erläuterungen, doch ich muss erneut auf eine wichtige Tatsache hinweisen, die bereits ausführlich beschrieben wurde, dass nämlich die aktive Form und Essenz aller Weisheit Liebe ist. Der Begriff Râja-Yoga in der Tabelle bezieht sich, wie ich meine, auf die strahlende, königliche Wissenschaft von der Einheit, die in der *Bhagavad-Gita* von Krishna vermittelt wird. Der Ausdruck „menschlicher Geist", der vor vielen Jahren in diesem Zusammenhang gebraucht wurde, meint nicht so sehr das *manas*-Prinzip – jener Râja-Yoga betrachtet den menschlichen Geist lediglich als einen sechsten Sinn – als jenes wahre Zentrum des menschlichen Bewusstseins, das *buddhi* genannt wird. Die buddhistische Religion ist gewiss typisch für den zweiten Strahl. Allzu häufig machte ihr Begründer auf seinen Wanderungen im Tal des Ganges die Hindus auf die Gefahr des Stolzes aufmerksam, die in ihrer Lehre vom Selbst begründet liegt. Wenn jemand sagt: „Ich bin das", verbindet er mit dem „Ich" dabei oft und leicht Vorstellungen von Materie oder sogar von seinen Ideen oder Gefühlen über sich selbst in seinem gegenwärtigen Bewusstsein. Sehr häufig betonte er, dass es kein ewiges Selbst gibt, für das die Menschen sich gewöhnlich selbst hielten. Erinnert sei auch an seine Lehre von der Freundlichkeit. Dieser Mann, „der Asien mild machte", beeindruckte die Welt mit der Qualität seiner umfassenden Liebe so sehr, dass die Millionen Menschen, die seiner Lehre im Laufe der Jahrhunderte folgten, vor allem durch ihre Sanftmut und das Fehlen persönlicher Gier auffielen. Der Buddhismus ist die eine Religion, die sich niemals durch die Verfolgung Andersgläubiger ausgebreitet und dennoch eine große Zahl von Anhängern gewonnen hat. Dies ist gewiss eine Religion vom zweiten Strahl.

3. Als Charakteristikum des dritten Strahls wird in der Tabelle *akâsha* genannt. *Akâsha* wurde beschrieben als Speicher des universellen Geistes, als Ort aller Archetypen, als Gedächtnis des Bewusstseins unserer Erdkugel, als das Medium, durch das Bewusstsein den Raum erfüllt und durch das mittels Differenzierung alle Phänomene des gegenständlichen Lebens ins Dasein kommen. *Akâsha* ist der „Marmorblock", in dem alle möglichen Statuen existieren, bevor der Bildhauer seine Arbeit überhaupt beginnt – das grenzenlose, objektive Potenzial, der überall existierende Ruhepunkt *(laya*[14]*)*, in dem alles zusammenkommt.

Der Begriff Astrologie bezieht sich hier in der Tabelle, wie ich meine, nicht so sehr auf das System von Symbolen und spekulativen Entsprechungen, das man mit dieser Bezeichnung heute verbindet, als auf die positive Wissenschaft von den Einflüssen der Planetengeister, die an der Spitze der Strahlen stehen. Bei der Erarbeitung seiner Form der Magie lernte der Mensch vom dritten Strahl alles über die Charakteristika der sieben verschiedenen Typen jeden Grades und jeder Art von Kraft und Materie kennen. Der Experte unter diesem Strahl sah die ganze Welt vor sich ausgebreitet wie ein großes Schachbrett, auf dem er die Positionen und Möglichkeiten aller Figuren überblicken und sie für seinen Zweck nutzen konnte, für den Dienst am Leben. Alle Kräfte der Natur bilden zusammen eine umfassende, mathematische Wissenschaft, und zwischen ihnen gibt es gegenseitige Anziehungskräfte, die sehr wohl mit dem Begriff magnetisch zu beschreiben sind. Die chaldäische Religion mit ihrem ausgeprägten Sternenkult und ihrer praktischen Astrologie, mit ihrem *Buch der Zahlen,* ihrer Verbindung vom Baum des Wissens mit dem Baum des Lebens und ihrer ausgeprägten Verehrung des Mondgottes scheint ganz natürlich zu diesem Strahl zu gehören.

[14] In der *Geheimlehre* heißt es dazu: Der *Laya*-Punkt oder das *Laya*-Zentrum bezeichnet jenen Zustand, in dem Substanz *(prakriti)* homogen wird und nicht mehr in der Lage ist, zu agieren und zu differenzieren. (Anm.d.Ü.)

4. Nun kommen wir zur Geburt des Horus – einem Eintrag, der als Charakteristikum eines Strahles einzigartig wirkt. Doch dieser Zusammenhang wird klar, wenn wir uns erinnern, was in Kapitel 8 über *mâyâ* als eine Inkarnation von Shiva gesagt worden ist, die eine Verbindung zwischen Vishnu und Brahmâ herbeiführte und Harmonie in die Beziehung zwischen Bewusstsein und Materie brachte. Als Osiris seines Reiches beraubt wurde, musste das Volk unter seinem grausamen Unterdrücker sehr leiden. Dann aber wurde Osiris in Gestalt seines eigenen Sohnes Horus wiedergeboren, der kam, um das Unrecht zu rächen und das Glück wiederherzustellen. In der ägyptischen Religion war das zeremonielle Klagen über den Tod des Osiris eine sehr reale Trauer, und sie war ein Sinnbild für den großen Hunger nach dem Glück *(ânanda),* das die Menschen überall in irdischen Bindungen suchen. Seth – der Mörder des Osiris, als das rebellische Element der Natur und die Dunkelheit der Nacht – wurde von Horus besiegt, der die Harmonie wiederherstellte und letztlich zum Gott der gerechten Belohnungen und Strafen wurde. Auch Horus war typisch für den Menschen, für das Wesen der Mitte, in dem höchster Geist und niederste Materie zusammenkommen – und ihren Konflikt und ihre Harmonie haben.

Da dies ein sehr interessantes Thema ist, möchte ich es im Hinblick auf die sieben Prinzipien im Menschen ausführlicher erklären. Das vierte Prinzip ist das, was zuweilen als *antah-karana* bezeichnet wird; dies bedeutet buchstäblich das innere Organ oder Instrument. Gewissermaßen darüber haben wir *âtmâ, buddhi* und *manas,* die für die drei ersten Prinzipien stehen, darunter befinden sich drei Prinzipien, die im Aufbau des Menschen das fünfte, sechste und siebte Prinzip repräsentieren. Die Begriffe, mit denen diese letzten drei Aspekte bezeichnet werden, sind inzwischen reichlich durcheinander gebracht worden, da sie von verschiedenen Autoren mit unterschiedlichen Bedeutungen gebraucht wurden. Zum Zweck unserer vorliegenden Studie möchte ich eine Begriffsreihe vorstellen.

Was gemeinhin das niedere Denken genannt wird, ist *kâma-manas,* das heißt *manas* mit Begehren, *manas,* dessen Interesse äußeren Dingen gilt. Vielleicht wurde das Wort *kâma* in einem zu engen Sinne verwendet, in dem es ausschließlich grobes, sinnliches Begehren andeuten soll; tatsächlich bedeutet es alles Begehren. Begehren ist der nach außen gerichtete Aspekt der Liebe, die Liebe zu den *Dingen* der drei Welten; während die eigentliche Liebe diejenige zum Leben oder die Liebe zum Göttlichen ist und dem höheren oder sich nach innen wendenden Selbst zugeordnet wird. Was gemeinhin das astrale Prinzip genannt wird, ist einfach *kâma,* doch es wird zum *kâma-rûpa,* wenn es einen bestimmten „Astralkörper" bildet. Das siebte Prinzip ist im ätherischen Doppel, das manchmal auch *linga-sharîra* oder feinstofflicher Körper genannt wird.

Der grobstoffliche Körper birgt kein echtes Prinzip des Menschen in sich. Er ist einfach ein Teil der äußeren Welt. Er ist nicht einmal die Hand des Menschen, sondern eine Hülle, ein Handschuh für seine Hand, welche das ätherische Doppel ist. Der verdichtete Körper wird nur gebraucht, um die inneren Organe zum Wahrnehmen und Handeln zu tragen, durch die der Mensch auf der physischen Ebene funktioniert. In Tabellen der sieben Prinzipien zeigen hier einige das *antah-karana* und andere den grobstofflichen Körper, aber keine von ihnen listet beide zusammen. Wir stellen folgende drei Listen auf:

1	2	3
1. atmâ	1. atmâ	4. Monade
2. buddhi	2. buddhi	1. atmâ
3. manas	3. manas	2. buddhi
5. niederes manas (kâma-manas)	4. antah-karana	3. manas
6. astral (kâma-rûpa)	5. kâma-manas	5. kâma-manas
7. ätherisch (linga-sharîra)	6. kâma-rûpa	6. kâma-rûpa
4. physischer Körper	7. linga-sharîra	7. linga-sharîra

Wie sofort zu erkennen ist, zeigt die erste Spalte korrekt die sieben Prinzipien des gewöhnlichen Menschen, die zweite Liste zeigt jene des Esoterikers, der die Vollendung noch nicht erreicht hat, und die dritte Listung zeigt jene des Adepten im Augenblick seiner Verwirklichung. Das Prinzip, das wir jetzt studieren, wirkt im ersten Fall durch den physischen Körper, im zweiten durch das *antah-karana* und im dritten Fall durch die Monade.

Zwischen der Monade, dem *antah-karana* und dem physischen Körper gibt es eine wunderbare Entsprechung; da dies aber etwas schwierig zu begreifen ist, will ich den Leser behutsam damit vertraut machen. Das *âtmâ-buddhi-manas* ist das Göttliche in uns. Es ist jener Teil des Menschen, der sich wirklich entfaltet – besonders das eigentliche *manas* erhält einen Anstoß auf dem Pfad des Anwärters, das *buddhi* in der ersten Hälfte des eigentlichen Pfades und das *âtmâ* in der zweiten Hälfte des Pfades. Der Begriff Initiation ist mit der Vorstellung einer neuen Initiative zu assoziieren, zum Beispiel wenn sich *manas* vor *buddhi* neigt und sich das Denken in den Dienst der Liebe stellt. Die Haupttätigkeit dieser menschlichen Triade findet also auf diesen Ebenen statt, aber sie braucht etwas, um ihre Funktionen zu spezialisieren, wie das Stäubchen im Nebel oder das Sandkorn in der Perle. Später wird sie auch ein Logos werden, und so muss sie lernen, eine Welt aus ihrem Inneren heraus zu sehen, das heißt, von ihrer eigenen Außenseite aus. Daraus resultiert die Notwendigkeit des Eintauchens in die Materie.

Das Göttliche kann deshalb nicht ganz und auf einmal in die materiellen Welten eintreten, sondern nur Punkt für Punkt. *Die Brücke des Bewusstseins (antah-karana),* die es mit einer bestimmten Persönlichkeit verbindet, ist ein solcher Punkt. Die *antah-karana* ist damit im niederen Menschen gewissermaßen ein Stellvertreter oder Ersatz für das höhere Selbst. Angenommen, das höhere Selbst hat in einer bestimmten Inkarnation nicht die Absicht, sich und alles, was es sich an Entwicklung in früheren Leben erarbeitet hat, zu zeigen. Für das vorliegende Leben ist irgendetwas für einen speziellen Zweck ausgewählt worden, und die Persönlichkeit wird sich damit abfinden müssen, sich nicht ihrer weiteren Entwicklung widmen zu können, sondern die Lektion des Augenblicks zu erfüllen. Sie ist ein Geschöpf der Gegenwart, nicht der Ewigkeit. Deshalb muss sie sich dem Höheren ganz unterstellen, ohne jede Hoffnung, irgendetwas für sich selbst zu erhalten – außer ihrem Lohn im Himmel (Devachan[15]). Falls sie dies nicht tut, wird sie zum Gegner des Höheren und vereitelt dessen Zielsetzung.

Dies alles wurde schon in der ägyptischen Geschichte von Osiris angedeutet. Das höhere Selbst ist Osiris. Osiris hat in den höheren Bereichen seine Aufgabe zu erfüllen. Er kann nicht unten bleiben, um Krieg mit Seth zu führen, aber er liefert Horus, einen Sohn, für diesen Zweck. Horus ist die *antah-karana*. Die *antah-karana* ist das einzige, was in der Persönlichkeit göttlich ist, und es ist gewissermaßen eine Inkarnation seines eigenen Vaters im Kleinen. Dies erklärt den Begriff „Geburt des Horus".

Als Nächstes wollen wir die Unterscheidung zwischen der Persönlichkeit und der Reihe der Körper betrachten. Horus sollte der Herrscher der Persönlichkeit sein. Das heißt, er sollte ein Reich auf Erden aufbauen, das seinen Vater repräsentierte. In einem solchen Fall ziehen die Körper Arten von

[15] (tibetisch) ein glücklicher Ort; bezeichnet den seligen Zustand nach dem Tode, in den keine Sorgen eindringen und die friedliche Ruhe des Verstorbenen stören können (Anm.d.Ü.)

Materie an, erwerben Schwingungsfrequenzen und richten Formen und Gewohnheiten ein, die mit einer Persönlichkeit von oben im Einklang stehen. Horus wäre dann die göttliche Persönlichkeit im Menschen, gänzlich in Harmonie mit den drei höheren Prinzipien, eingerichtet in einem Reich auf Erden – wie es ist im Himmel –, und die göttliche Tetraktys[16] (einer Art) wäre gebildet.

Aber es gibt Karma, das es zu erledigen gilt – das Karma aus den Taten, die in früheren Inkarnationen durch einen Körper begangen wurden. Dieses Karma kommt nun ins Spiel und gibt dem physischen Körper durch Vererbung und auf anderen Wegen seine äußere Gestalt, noch bevor er geboren wird. Vom Augenblick seiner Geburt an wirken ständig und auf vielfältige Weisen äußere Einflüsse auf ihn ein und tendieren dazu, eine andere Art von Persönlichkeit aufzubauen. Typhon will der Herrscher sein. Sollte er in irgendeiner Inkarnation den Kampf weitgehend gewinnen und Horus gefangennehmen, dann haben wir das überaus unglückliche Phänomen der Entstehung einer „Selbst-Persönlichkeit".

Doch auch diese Niederlage ist nicht vergebens. Falls es dem Höheren noch nicht gelingt, inmitten der Erfahrungen, die das Karma aus der Vergangenheit herbeiführt, die Oberhand zu gewinnen, zeigt dies nur an, dass es immer noch im Lernen begriffen und nicht von Intuition gelenkt ist. Lernen muss es durch Erfahrung – manchmal durch bittere Erfahrungen. Aber alle Erfahrung, die das Karma bringt, ist gut für die Entwicklung der Seele, und auch wenn sie einem im Gewand eines Feindes begegnet, ist sie in Wirklichkeit der beste Freund. Deshalb ist schließlich auch Seth kein Feind, sondern er ist *ein weiterer Stellvertreter* – ein Ersatz für die *antah-karana* –, und sorgt für eine ordentliche Weiterführung des Unterrichts für das Höhere, ein Mittel zur Fortsetzung seines Wachstums. Er ist der Repräsentant der „Herren des

[16] (griech.) Vierheit (Anm.d.Ü.)

Karma", das heißt der Personifizierungen der Begrenzungen, die dem Handeln des Strahls in der Manifestation auferlegt sind, der sieben Lebenswelten. In irgendeinem Bereich kreativen Tuns ist es uns nicht gestattet, den Weg ganz bis zur vollständigen Materialisierung zu gehen, sondern wir werden von diesem „äußeren Rand", Ziel oder manifestierten Ruhepunkt *(laya)* zurückgeworfen.

Helena P. Blavatsky spricht von den Herren des Karma *(lipikas*[17]*)* als Wesenheiten nur in einem spirituellen Sinne – nicht in einem mentalen Verständnis oder in einem materiellen Sinne –, und so ist es „der Mensch selbst", wie sie in der *Geheimlehre* schreibt, der sich bestraft oder belohnt. „Wir erzeugen Ursachen, und diese rufen die entsprechenden Kräfte herbei, die magnetisch ... anziehend sind, und reagieren auf die, welche jene Ursachen erschufen." Alles im Universum hat eine Grenze, wie der menschliche Körper und auch der Geist des Menschen. Dies deckt sich mit der Tatsache, dass die Evolution schrittweise voranschreitet, als ob sie eine Treppe hinauf stiege, deren Stufen so verschieden sind wie das Mineral-, das Pflanzen- und das Tierreich.

Nun kommen wir zum Kern der Angelegenheit. Ich habe gesagt, dass die *antah-karana* ein Ersatz für das Göttliche, das höhere Selbst ist. Dies ist nicht ganz wahr, doch es schien gesagt worden zu sein, dass wir zur tieferen Wahrheit weitergeführt werden. Das Göttliche ist das Subjekt des Erlebens, das Materielle ist das Objekt. Beide können nicht durch Vermittlung von irgendetwas zusammenkommen, das in einem von ihnen [enthalten] ist; doch sie gelangen zusammen, weil sie beide Abstraktionen von einem größeren Ganzen sind.

Wir wollen uns die Geschichte von dem Lichtpfeiler in Erinnerung rufen. Vishnu (der zweite Logos, das Göttliche) und Brahmâ, der dritte Logos (das Materielle) konnten sich

[17] „*Karma*-Schreiber", göttliche Wesen, die dem Astrallicht jede Handlung und jeden Gedanken einprägen. (Anm.d.Ü.)

nicht miteinander vertragen, bis Shiva (der erste Logos) erschien und ihnen bewies, dass er beiden Kontrahenten gänzlich überlegen ist. Da unterwarfen sich beide und begannen im Gehorsam gegenüber Shiva zu kooperieren. Er aber blieb nicht bei ihnen, sondern stellte eine Harmonie zwischen ihnen her und versprach, dass sie ihn wiedersehen sollten, wenn ihr Werk vollendet wäre. Die Harmonie blieb – ein Mittel der Verbindung zwischen dem Subjekt und dem Objekt, dem Wissenden und dem Gewussten, dem Göttlichen und dem Materiellen. Diese Harmonie ist *mâyâ;* sie ist unser Leben, das ein Ersatz ist für das wirkliche Leben.

In menschlichen Wesen ist die *antah-karana* somit der Repräsentant der *mâyâ,* und Gleiches gilt auch für den physischen Körper, den Dreh- und Angelpunkt des Karma. Da die Monade der erste Logos im Menschen ist, das höhere Selbst der zweite (mit drei Fähigkeiten), und das niedere Selbst der dritte (ebenfalls mit drei Fähigkeiten) repräsentiert die *antah-karana* jenen ersten Logos (die Monade) bis zur Vollendung des gemeinsamen Werkes des dritten und des zweiten. Ist dies vollbracht, dann ist die *antah-karana* nicht länger notwendig, denn der Mensch hat seine Karriere als solcher vollendet und steht wieder in der Gegenwart seines Herrn (der Monade). Deshalb ist die *antah-karana* ab dem Erreichen der Meisterschaft nicht mehr notwendig, da selbst das Ego dann nur ein Instrument wird; unser Bewusstsein ist nicht länger der Mensch selbst, sondern nur eine Sammlung von Kräften.

Als die Magie dieses Strahles wird der Hatha-Yoga genannt. In Indien basiert er auf der Theorie der Entsprechungen und dem Glauben, dass ebenso, wie der Geist den Körper beeinflusst, auch der Körper auf den Geist Einfluss nimmt. Seine Anhänger üben sich in strengster Disziplin über den Körper, nicht indem sie ihm irgendwelche Qualen oder Verletzungen auferlegen – außer bei einigen unwissenden und irregeleiteten Anhängern –, sondern um ihn in den vollendetsten Zustand physischer Gesundheit und Belastbarkeit zu bringen. Durch ein ganzes System von Atemübungen gewinnen sie die Beherrschung über das ätherische Doppel. Dies alles praktizieren sie, um geistige Kräfte oder *siddhis*[18] zu erlangen oder eine starke Konzentration zu erreichen. Die ägyptische Magie befasste sich nicht nur mit dem Körper, sondern bezog eine große Vielfalt von Dingen ein. Mit Hilfe von Symbolen und Entsprechungen nahm sie Einfluss auf die inneren und die äußeren Welten. Für die Ägypter scheint alles im Äußeren eine Bedeutung und Wirkung im Inneren besessen zu haben, so eng verbunden sahen sie die inneren und äußeren Welten in ihrem Denken und in ihrem Leben.

5. Als Charakteristikum des fünften Strahls finden wir Feuer erwähnt, und Alchemie als die zugeordnete Form der Magie. Dies ist ein sehr deutlicher Hinweis auf den wissenschaftlichen Strahl, unter dessen Einfluss die gewissenhafteste Wahrheit und Reinheit notwendige Voraussetzungen des Erfolges sind. *Agni* oder Feuer in all seinen Formen hat viel mit der Arbeit des Menschen in den Bereichen Chemie und Physik sowie in jedem anderen Zweig der reinen und angewandten Wissenschaften zu tun. Es wird assoziiert mit dem konkreten Denken des Menschen und mit der sehr interessanten Tatsache, dass Wissenschaft fast gänzlich vom Sehsinn abhängig ist, das heißt von der Kraft des Lichtes, einer Form von *agni.* Ist zum Beispiel ein Wissen über die Art der Wärme in einem Körper erforderlich, so berührt der Wissenschaftler diesen nicht mit dem Finger, um durch Fühlen etwas über seine Wärme in Erfahrung zu bringen; vielmehr benutzt er ein Thermometer, das die Wärme in einer sichtbaren Form anzeigt. Der Zoroastrismus ist die Religion des Feuers und der Reinheit.

[18] vollkommene Errungenschaft; übernatürliche Kräfte, von denen acht verschiedene aufgezählt werden (Anm.d.Ü.)

6. Dem sechsten Strahl ist das Charakteristikum „Inkarnation der Gottheit“ zugeordnet, als sein Mittel von magischer Kraft ist *bhakti*[19] oder Hingabe genannt. Dies stimmt genau mit unserer Beschreibung übererein, denn der religiöse Mensch unter dem Einfluss dieses Strahls verehrt Gott als das Gute, das in die gegenständliche Welt inkarniert ist; er betet nicht zu den abstrakten Gottheiten, die für Menschen von anderen Strahlen attraktiver sind. Das Christentum ist schon immer in erster Linie eine Religion dieses Typs gewesen, der nicht blind ist für Reichtum und Wohlstand auf Erden und in dem Leben danach.

7. Aus irgendeinem unbekannten Grund wurde das Merkmal des siebten Strahls nicht angegeben, möglicherweise weil die tief wurzelnde Qualität der Schönheit – wäre sie genannt worden – übersehen worden wäre.

In Indien kann man eine weite Verbreitung elementaler Religiosität feststellen. Der Kerngedanke dieser kultischen Form ist, dass das Leben vor seinem Eintritt in das Mineralreich keine bestimmte Form oder Verkörperung besitzt. Jene elementale Lebensessenz hat den Impuls, sich der Beständigkeit oder Stabilität des mineralischen Wesens zu erfreuen. Wenn wir versuchen, uns den Zustand jenes Lebens-Dranges vorzustellen, wird uns deutlicher, mit welcher Macht sie in die Formen fließt, die menschliches Denken auf der Astralebene erschaffen hat. Gibt es gar eine Form oder ein Bild, das Brennpunkt wiederholten und kollektiven menschlichen Denkens vor einem Bild oder Schrein ist, erfährt das elementale Leben dort eine sehr starke Verwesentlichung oder Verdinglichung, deren Kraft auf die zu ihr beitragenden Menschen reagieren kann. Auf diese Weise können große Kräfte bewegt und gelenkt werden – zum Guten oder Schlechten –, so dass es ein „magisches“ Instrument – einen Talisman oder Schrein – gibt, durch das die elementale Kraft oder Lebenskraft als

[19] liebevolle Hingabe (Anm.d.Ü.)

eine Ergänzung zur menschlichen Macht verfügbar wird. Sie ist mechanisch in dem Sinne, dass die eingesetzte Kraft nicht beliebig veränderlich ist, sondern ein automatischer Strom als Antwort auf menschliches Begehren, Intention und Denken. Somit konnte herkömmliche Magie von jenen eingesetzt werden, die den Schlüssel zu den elementalen Kräften besaßen. Verschiedene Methoden, dieses Prinzip zu nutzen, standen ohne Zweifel hinter vielen alten Zeremonien, die gute Absichten über telepathische Verbindungen intensivierten. Solches Vorgehen ist vergleichbar unserer Nutzung eines Wasserfalles zur Gewinnung von elektrischer Kraft, mit der wir Maschinen antreiben, die die menschliche Muskelkraft ergänzen.

Im alten Indien wurden mit dem Begriff ›*deva*‹ alle geistigen Mächte bezeichnet. Ich erwähnte bereits, dass die Sonne als Symbol des Göttlichen galt, weil sie ihr eigenes Licht ausstrahlte, der Mond hingegen für das Materielle stand, weil er nur reflektiertes Licht abstrahlte. Befreite Wesenheiten sind also Devas. Auch der Mensch ist in seinem inneren Wesenskern, jenseits der Gebundenheit, ein Deva. Die Devas der Natur – die Wesen ohne permanente Form, wie etwa jenes, das ich den *Geist des Feuers* nenne – eine große Vielfalt von relativ freien Wesenheiten, stehen mit den Menschen in Kontakt.

Ich habe versucht, diese Thematik leidenschaftslos darzustellen, um das Wesen der Vorgänge zu zeigen. Am Beispiel des Priesters eines bestimmten Schreins sehen wir etwa, dass die Wirksamkeit der „Magie“ zu keiner Zeit von seiner eigenen moralischen Verfassung abhängig ist, den Glauben an sie und die richtige Intention muss er freilich besitzen. Nach meinem Verständnis stimmt dies mit den Überzeugungen überein, die man in den Kirchen oder an anderen Orten der Anbetung und des religiösen Rituals hegt.

Bereits im Kapitel über den siebten Strahl habe ich erwähnt, wie spürbar Schönheit die menschliche Kraft auf eine natürliche Weise ergänzt, wie heiligend sie als Erquickung und Neubelebung von Körper, Fühlen und Denken wirkt – und auf welche Weise alle Fertigkeiten im Tun, welche bewusst oder unbewusst vom Willen getragen sind, zu Schönheit in der Form führen, die uns wiederum mit dem bereits erwähnten Belebungseffekt anspricht. Das Pferd, das vollendet läuft, entwickelt die schönsten Gliedmaßen. Die sensible Tätigkeit der Hände – nicht grobes Anpacken schwerer Werkzeuge – erzeugt die schönsten Hände. So gilt es überall, dass vollkommenes Handeln Schönheit in der Form hervorbringt. Auf diese Weise setzt das Prinzip des *dharma* in der materiellen Arbeit einen „göttlichen Kreislauf" in Gang.

Teil III
Nutzen und Gefahr des Wissens über die Strahlen

„Weiser, tilge die Vorstellung, Nicht-Geist sei Geist", sagt Shankaracharya. Âtman ist Nicht-Geist in seiner endgültigen parabrahmischen Verfassung; Îshvara oder Logos ist Geist oder, wie die esoterische Lehre ausführt, ist die Einheit zusammengefügter Manifestationen lebendiger Geister.

Die Geheimlehre[20]

Obwohl Îshvara Gott ist, unverändert in den tiefsten Abgründen des Pralaya und den heftigsten Aktivitäten der Manvantaras, so ist dennoch Âtman, um dessen Wohnstatt die tiefe Dunkelheit Mâyâs herrscht, noch jenseits von ihm.

Die Geheimlehre

[20] beide Zitate aus der Adyar-Studienausgabe

Kapitel 19
Der eigene Strahl

Das hier vermittelte Wissen über die Strahlen ist nur für jene gedacht, die ein Ideal haben, das sie mit unwiderstehlicher Faszination anzieht, so dass sie nicht anders können, als ihren Lebensweg nach ihm auszurichten. Sie verstehen ihr Ideal nicht als ein Ziel, das man sich am Ende eines langen Weges vorstellt, sondern als etwas, das man bei jedem Schritt auf dem Wege zu spüren, auszudrücken oder zu erfüllen versucht. Andere Menschen, die für die kurzfristige Befriedigung des Körpers und der Sinne leben, sind noch Sklaven der *mâyâ* und kennen nur solche wechselnden Freuden, wie Tiere sie genießen. So groß ist der Kontrast zwischen Idealen und Begierden.

Wer aber ein festes Ideal hat, der ist auf dem Weg zum wirklichen Leben, das *ânanda* (Seligkeit) ist. Wer auf seinem Weg rasch vorankommen will, braucht nicht nur als Leitstern sein Ideal, das im Dunkel der Nacht weit vor und über ihm leuchtet, sondern auch ein Licht der Tugend, das vor seinen Füßen scheint, und eine Kraft, um seine Glieder zu bewegen. Um aber seinen Pfad mit der größtmöglichen Geschwindigkeit beschreiten zu können, muss er feststellen, welchem Stern zu folgen ihm bestimmt ist und welche Tugend oder Kraft ihm helfen muss – mit anderen Worten, er muss seinen Weg herausfinden. Wo es ein solches Ideal gibt, wird sich natürlich zeigen, dass jede Stufe auf der Leiter oder Treppe ein unmittelbarer Ausdruck seines Ideals ist. Deshalb ist auf dem Pfad der Wahrheit jeder Schritt Wahrheit und auf dem Pfad der Liebe jeder Schritt Liebe. Es gibt kein anderes

Vorwärtskommen auf dieser Straße als stetes Bemühen. Dies ist nur möglich, wenn das Leben des Menschen von innen bestimmt wird.

Kürzlich beobachtete ich zwei Schachspieler. Der eine beugte sich mit besorgtem Blick und gerunzelter Stirn über das Brett, und wenn er seine Züge machte, zitterten ihm die Finger. Der andere Spieler hatte sich zurückgelehnt und betrachtete ruhig das Brett; wenn er die Figuren berührte, geschah dies mit natürlicher, unauffälliger Leichtigkeit.

Wer den Pfad zur Seligkeit beschreiten will, muss erkennen, dass das Leben ein solches Spiel ist und nichts weiter. Es liegt am Begegnungsort zweier Welten. Den Ort, an dem ich der Außenwelt begegne, wollen wir „meine Welt" nennen. Es ist nicht die ganze Welt, sondern nur der Teil von ihr, an dem *mein* Spiel stattfindet, an dem Dinge mich durch die Vermittlung meiner Sinne berühren und bewegen und an dem ich sie mit meinem Denken beeinflusse. Es gib viele Dinge in Zeit und Raum, die mich im Laufe des derzeitigen Spieles nicht berühren werden, und es gibt viele Dinge, die sich außerhalb des Einflussbereichs meiner Kräfte befinden. Gewiss aber gibt es einen Bereich, der „meine Welt ist", und er ist größer oder kleiner, je nachdem wie weit ich in die Welt hinausgegangen bin und sie in die Hand genommen, d.h. mich auf das Spiel des Lebens eingelassen habe.

Alle Figuren auf dem Spielbrett sind Dinge, die zum Gebrauch bestimmt sind: König, Dame, Läufer, Springer, Türme und Bauern – Familie, Besitz, Ruf, Freunde, Geschäftsbeziehungen und selbst der Körper mit seinen Qualitäten wie Gesundheit und Kraft in Organen und Gliedern, Sinnen und Gehirn sowie mit seinen physischen, Gefühls- und Denkgewohnheiten. Das Spiel geht für Sie in Ihrer Welt weiter, im Begegnungsort des verborgenen Selbst und der größeren Welt. Anfangs ist Ihre Position noch sicher, aber dann machen Sie einen Zug, um Ihre Stärke zu erproben, Ihre Kräfte zu vergrößern oder zu genießen, und auf einmal sind Sie einem Angriff ausgesetzt. Auf jeden Ihrer Züge folgt eine

Antwort in dieser Welt, in der Aktion und Reaktion untrennbar zusammenhängen. Gute Positionen und schlechte Positionen kommen und gehen; Bauern und Springer fallen, aber Sie selbst sind nicht gefallen. Sie lernen, die Figuren lediglich im Hinblick auf ihren Nutzen wertzuschätzen und lassen sie ruhigen Blutes verloren gehen, wenn Sie durch ihre Opferung eine bessere Situation erreichen können. Und da gehen sie hin, Läufer, Turm und Dame, aber sie sind noch nicht am Boden. Ja, Sie sind noch nicht einmal verloren, wenn der König selbst geschlagen wird – der Körper, der Ihre letzte Figur auf dem Spielbrett war. Es gibt nichts zu bedauern, denn wenn Sie das Spiel gut gespielt haben, werden Sie für das nächste gestärkt sein.

Die Ereignisse im Leben berühren Sie niemals wirklich, sondern sie betreffen nur Ihre Welt. Beugen Sie sich voller Sorge und ohne Weisheit über das Spielbrett, wird es den Anschein haben, als verletzte der Verlust eines Bauern oder Turms Ihr innerstes Selbst; in Wirklichkeit aber hat nichts davon Sie verletzt, es betraf nur Ihre Welt. Für die ruhige und aktive Seele ist alles Geschehen vorteilhaft. Richten Sie sich auf, lehnen Sie sich zurück – und Sie werden es ebenso sehen.

Ich möchte fünf Stufen im Fortschreiten oder der Evolution der menschlichen Seele definieren; überall sieht man die Menschen auf den verschiedenen Sprossen dieser Leiter:

Stufe 1:	zurücklehnen
Stufe 2:	aufrichten
Stufe 3:	vornüber beugen
Stufe 4:	aufrichten
Stufe 5:	zurücklehnen

Die erste Stufe ist die des geistig noch nicht erwachten Menschen – ob zivilisiert oder nicht –, der träge und uninteressiert ist und den nur die kräftigen Schläge des Schicksals zur Aktivität bewegen. Die zweite Stufe ist die des Menschen, der entdeckt hat, dass die Welt überaus genießbare

Dinge bereithält; er ist voller Eifer, bis hin zur Gier, sie zu erlangen. Der Mensch auf der dritten Stufe ist immer noch erfüllt von eifrigem Begehren, doch er hat gelernt, dass die Welt eine Fülle von Gefahren und Entschädigungen[21] birgt sowie ihre eigenen Gesetze hat. Er ist ängstlich und besorgt, das zerbrechliche Fahrzeug seiner Existenz sicher durch die Stromschnellen des Lebens zu lenken. Auf der vierten Stufe ist der Mensch immer noch in das Spiel vertieft, doch er spielt es mit Würde, auch wenn er jeden Gewinn und Verlust deutlich spürt. Auf der fünften Stufe spielt er das Spiel als ein Unsterblicher, der jederzeit weiß und fühlt, dass er letztlich nur gewinnen kann in dem viel größeren Spiel, von dem dieses derzeitige nur ein kleiner Teil ist, und im Laufe der Zeit wächst er zu immer größerer Stärke. Er ist frei von Sorgen, Unzufriedenheit und Groll, Hoffnung und Angst hat er hinter sich gelassen, und er kann sich nicht mehr auf die Gnade der Ereignisse stürzen mit dem Wunsch, sein Gegner möge so ziehen, wie er will. Was auch geschieht, er verliert nicht die Ruhe. Er spielt das Spiel, lehnt sich sozusagen auf sich selbst zurück und seine Kraft ist gesammelt und aufmerksam wie die des Tigers vor dem Sprung. Während andere Menschen die Welt ihres Erlebens in zwei praktische Teile aufgeteilt haben – in „ich" und „die Welt" – unterscheidet er für sich drei Teile: „Ich", „meine Welt" und „die Welt". Nun hat er von der Welt nichts mehr zu fürchten, nur noch von sich selbst, und seine einzige Sorge ist es, seine Kräfte aufmerksam zu nutzen und sie niemals einschlafen zu lassen.

Nachdem Sie diese Haltung einigermaßen erlangt haben, lautet nun die Frage: Wie können Sie herausfinden, welches Ihr Strahl ist? Es ist unmöglich, irgendwelche Regeln festzulegen, mit deren Hilfe Sie dies feststellen können, aber es gibt bestimmte Fragen, die Sie an sich selbst richten können und deren Antwort eine Hilfe für Ihre Intuition sein möge, sich Ihrem Gehirn mitzuteilen. Möglicherweise haben Sie

[21] orig.: *compensations*

in der gegenwärtigen Zeit starke Neigungen zum Lernen, zu Philanthropie oder Kunst, doch diese können auch nur einem vorübergehenden Interesse entspringen, das durch Ihre Umgebung geweckt wurde. Fragen Sie sich als erstes, wie es geschah, dass durch theosophisches Wissen die beengenden Begrenzungen von der Bedürftigkeit Ihrer Seele entfernt wurden – das heißt durch die Erkenntnis, dass wir in dieser Welt nicht die Opfer blinden Zufalls sind, sondern die Schiedsrichter unseres eigenen Schicksals, für dessen Erfüllung wir so viele Inkarnationen haben können, wie wir wollen, wobei jede Reinkarnation nicht eine Notwendigkeit des Schicksals ist, sondern eine weitere Chance, ein weiteres Spiel – so wie wir morgen eine weitere Chance haben werden, das zu tun, was uns heute nicht gelungen ist. 1.) Schien das esoterische Wissen der geistig strebenden Seele eine endlose Straße des Triumphs für ihr siegreiches Fortschreiten zu öffnen? 2.) Schien es die Hindernisse zu beseitigen, die der universellen Ausdehnung des sonnigen Herzens im Wege waren? 3.) Beendete es die Verwirrung Ihres Denkens, das alles in einem allumfassenden Plan zu begreifen suchte? 4.) Zeigte es Ihnen, dass es selbst an den dunkelsten Punkten im Leben spirituelle Ziele gab, und dass in der Vollkommenheit auch alle unvollkommenen Dinge einen rechtmäßigen Platz haben würden? 5.-7.) Versprach es Ihnen Zeit und Gelegenheit für die Vervollkommnung Ihres Wissens oder eine unbegrenzte Aussicht auf Kontakt mit allem, das Sie sich als überaus herrlich vorstellen können, oder die Gewissheit höchster, überragender Fertigkeit in einer Kunst, welche zu erlangen Sie selbst mit lebenslanger Bemühung niemals schaffen würden? Denken Sie über diese Fragen nach und enthalten Sie sich dabei des Wunsches, dass Ihr Strahl dieser oder ein anderer sein sollte, und die Intuition wird zu Ihnen sprechen.

Rückblickend fragen Sie sich vielleicht, von welcher Art Ihr Einfluss auf andere gewesen sein mag. Auch dies könnte Ihnen etwas über Ihren Strahl verraten, denn jeder Mensch gibt, was er hat, und nichts anderes. Sind die anderen Menschen aufgrund ihres Kontaktes mit Ihnen gestärkt und besser im Stande, das Abenteuer ihres Lebens in Angriff zu nehmen? Haben Sie sie „aufgeweckt", so dass sie nun eine größere Sensibilität für das Leben haben, das außerhalb ihres eigenen die Welt erfüllt? Haben Sie anderen Menschen einen Anstoß dazu geben können, das Geheimnis des Daseins von ihrem Inneren heraus zu verstehen? Und geschahen all diese Dinge ohne bewusste Absicht Ihrerseits, einfach aufgrund Ihres Kontaktes und Austauschs? Und wie haben Sie von der Welt gelernt? Geschah es durch Erfahrungen, die klare und bestimmte Lektionen mit sich brachten, dann haben Sie in der Vergangenheit wahrscheinlich zuerst gehandelt und anschließend nachgedacht. Wenn die Welt Ihnen sanft Wahlmöglichkeiten und Alternativen geboten hat, damit Sie abwägen und entscheiden konnten, neigen Sie vermutlich dazu, in umgekehrter Reihenfolge vorzugehen.

Vor allem aber fragen Sie sich: *Was wollen Sie* tief in Ihrem Inneren? Legen Sie alle Ihre Wünsche beiseite und stellen Sie sich die Frage, was es ist, das Sie *wirklich wollen.* Akzeptieren Sie keine oberflächliche Antwort, sondern prüfen Sie, warum Sie eine Antwort geben und welches tiefere Bedürfnis dabei zurückbleibt. Wenn Sie Vorlieben oder Abneigungen haben, etwa eine vorübergehende und oberflächliche Vorliebe oder Abneigung gegenüber irgendeinem der Strahlen, so wird dies Ihre Sicht der Wahrheit verfälschen. Sie müssen absolut willens sein, alles aus der Intuition zu akzeptieren, es niemals in Frage zu stellen und nicht zu hoffen oder zu wünschen, eine bestimmte Antwort zu erhalten oder nicht zu erhalten.

Weiterhin können Sie zusätzliche Hinweise und Klarheit gewinnen, indem Sie die drei Kräfte des menschlichen Geistes betrachten. Welche dieser Kräfte hat die meisten Antworten oder Lösungen vorgeschlagen, für die Sie sich entschieden haben, und welche drängt die anderen zu aktivem Handeln? Streben Sie nach mehr Wissen und Macht, weil Liebe Sie dazu veranlasst, Gott zu dienen oder Ihren Mitmenschen helfen zu wollen? Suchen Sie die Gesellschaft anderer Menschen und die Gelegenheiten des Lebens, um mehr Verständnis zu gewinnen? Oder ist es die Vitalität Ihres Selbst, das die Fülle leben will und Sie in das Getümmel des Lebens schickt, weil das Leben lebendig ist und im Überfluss genossen werden soll? Oder finden Sie, wenn Sie tief nach innen blicken, einen unermüdlichen Vorsatz, ein ständiges Vorwärtsdrängen? Finden Sie eine unverzagte Liebe, die allzeit bereit ist, auch das Leben einzubeziehen, oder finden Sie eine unaufhörliche Sehnsucht nach makelloser Wahrheit?

Prüfen Sie sich auch anhand Ihrer Fehler. Es gibt drei große geistige Gesetze, die kein Mensch je missachten sollte: Er muss mit seinen Kräften wach und aktiv sein; er muss sich selbst und anderen treu sein, und er muss voll Liebe sein. Wer das Höchste anstrebt, für den ist es unentschuldbar und nicht zu rechtfertigen, zu irgendeiner Zeit inmitten der Konflikte und Pflichten im praktischen Leben gegen eines dieser Prinzipien zu Gunsten eines anderen zu verstoßen. (Gleichwohl wird er es tun, doch im Laufe der Zeit weniger und seltener.) Welches dieser drei Prinzipien haben Sie in der Vergangenheit missachtet? Waren Sie unaufrichtig, um die Freundlichkeit zu wahren; haben Sie jemanden aufgrund Ihrer Wahrheitsliebe verletzt? Oder haben Sie, als Sie irgendeine Arbeit zum Erfolg führen wollten, die auf guten Absichten aufbaute und Ihnen lebenswichtig erschien, zugelassen, dass die Wahrheit oder die Liebe etwas vernachlässigt wurde? Das Prinzip, an dem Sie festgehalten haben, könnte Ihren Strahl anzeigen. Fragen Sie sich, ob Sie am meisten zu Stolz, Wut oder Angst neigen? Wir haben gezeigt, dass der erste und siebte Strahl vor allem zu Stolz neigen, der zweite und sechste zur Wut und der dritte und fünfte zu Angst tendieren. Doch alle diese Fragen sind nur zum Teil eine Hilfe, denn das Wissen muss von innen kommen.

Bei diesem Unternehmen, Ihren eigenen Strahl festzustellen, ist es auch wichtig, dass Sie sich nicht mit anderen vergleichen. Es mag sein, dass Sie im Verständnis viel schwächer sind als viele Menschen, die Sie kennen, dennoch kann gerade das Verständnis der stärkste Zug in Ihrem Charakter sein, da die anderen Prinzipien noch schwächer vertreten sind. Es ist auch möglich, dass jemand vom Strahl der Liebe dominiert wird und trotzdem einen stärkeren Willen aufweist als ein anderer Mensch, obwohl dieser vom ersten Strahl bestimmt wird. Die Frage lautet also nicht, wie Sie im Vergleich zu irgendeiner anderen Person dastehen, sondern welches Prinzip die Kräfte innerhalb Ihrer eigenen Seele dominiert. Der im schwächsten dieser Prinzipien vollkommene Mensch ist ebenso stark wie ein anderer, der in seinem stärksten Prinzip noch unvollkommen ist, denn er hat in jeder Hinsicht alles erreicht, was für eine Seele möglich ist, die in einer menschlichen Form lebt.

Wenn Sie Ihren Leitstern ausgewählt haben, bieten sich Ihnen die folgenden Lichter, die Ihre Schritte durch das dichte Unterholz des Lebens erhellen, sowie bestimmte Kräfte, die Ihr Vorwärtskommen auf dem Pfad beschleunigen werden:

STRAHL	STERN	LAMPE	KRAFT	ARBEIT
1.	Freiheit	Mut	Wille	Herrschaft
2.	Vereinigung	Liebe	Liebe	Philanthropie
3.	Begreifen	Wahrheit	Denken	Philosophie
4.	Harmonie	Mut	Imagination	Deutung
5.	Wahrheit	Wahrheit	Denken	Wissenschaft
6.	Güte	Liebe	Liebe	Religion
7.	Schönheit	Mut	Wille	Kunst

Die Situation wird manchmal durch das Vorhandensein eines starken zweiten Prinzips in Ihrem Charakter weiter kompliziert. Natürlich gibt es bei jedem Strahl weitere Unterteilungen, und jede von ihnen besitzt weitere sieben. Doch diese betrachten wir hier nicht, weil innerhalb eines Prinzips stets dessen Charakteristika über alle Unteraspekte dominieren – so wie man sagen kann, dass alle Gelbtöne letztlich gelb sind, und alle Grün-Schattierungen von grüner Farbe. Doch es kann vorkommen, dass das zweitstärkste Prinzip eines Menschen eine eigene Stimme hat, die klar vernehmbar ist und unter bestimmten Umständen im Leben fast so deutlich zum Ausdruck kommt wie das dominierende Prinzip. Mit dem Begriff „Unterstrahl“ wurden schon verschiedenste Vorstellungen verknüpft; in der vorliegenden Abhandlung möchte ich ihn zur Bezeichnung des zweitstärksten Prinzips verwenden.

Kapitel 20

Fortschritt ohne Gefahr

Der Zweck unseres Lebens auf der derzeitigen Stufe ist es, unser Bewusstsein – oder vielmehr unsere Bewusstseinskräfte – zu menschlicher Vollkommenheit zu entfalten. Das Wissen über die Strahlen ist dafür überaus nützlich. Der Mensch, der weiß, zu welchem Strahl er gehört, hat seine stärkste Kraft entdeckt. Wenn er von ihr Gebrauch macht, wird er sehr rasch vorankommen – mit herrlichen oder mit verheerenden Resultaten, je nachdem. Vor allem aufgrund der großen, kaum zu überschätzenden Gefahr, die mit dem Wissen über die Strahlen verbunden ist, wurde dieses bisher zurückgehalten, bis jene, die sich wahrscheinlich als würdig erweisen werden, es zu empfangen, sehr viel über die Natur des menschlichen Lebens und die Wirklichkeit der Bruderschaft gelernt hatten. Wenn ein Mensch von einem Ideal erfüllt ist, mit dem er sein Leben identifiziert und dessen Kraft er in sich fühlt, ist er versucht, in dieser einen Richtung loszupreschen und seine Schwächen zu vernachlässigen; in allen solchen Fällen endet sein Bemühen voranzukommen fast mit Gewissheit in einem Zusammenbruch. Wie es hierzu kommt, mögen ein oder zwei einfache Beispiele hinreichend illustrieren. Wenn der Mensch unter dem Einfluss des wissenschaftlichen Strahls nach der Wahrheit strebt, jedoch nur wenig Liebe oder Hingabe in seiner Natur sind, dann wird der Forschende bald nicht nur zu Tierversuchen, sondern auch zu Experimenten mit Menschen fähig sein. Wer jedoch voll großer Entschlossenheit auf den Pfaden der Philanthropie wandelt, dabei aber beider Arten von Intelligenz ermangelt, wird, ohne dies zu beabsichtigen, in seiner eifrigen Sorge um das Wohl der Menschheit überaus törichte Dinge tun und – so er genügend Macht besitzt – selbst Revolution und Blutvergießen heraufbeschwören.

Der große Nutzen dieses Wissens über die Strahlen liegt darin, dass es Ihnen hilft, Ihre Kraft zu finden und zu spüren, um sie dann bis zum Äußersten einzusetzen, um Ihre weiteren inneren Qualitäten zu entwickeln, die noch verhältnismäßig wenig ausgebildet sind. Alle starken Laster des Menschen zeigen einen charakterlichen Mangel an, der mit einer gewissen Stärke verbunden ist. Ein Charakter, der in jeder Hinsicht schwach ist, besitzt gar nicht die Kraft, irgendetwas zu tun. Eine Person solchen Charakters gilt gewöhnlich als guter Mensch – auch wenn es schwierig wäre zu sagen, für was dieser Mensch gut ist. Stellt also jemand einen erkennbaren Mangel an sich fest, braucht er nicht zu versuchen, seine Stärke zu unterdrücken und zu sagen: „Ich habe zuviel Gefühl oder zuviel Energie oder zuviel Willen." Er soll vielmehr sagen: „Ich habe große Willenskraft, aber nur schwach entwickelte menschliche Gefühle. Ich muss meine Willenskraft nutzen und mich zwingen, unter die Menschen zu gehen, an sie zu denken und ihnen ständig zu helfen, bis meine menschlichen Emotionen kräftiger geworden sind."

In diesem Falle – und in allen ähnlichen – gewinnt der Mensch viel, ohne etwas zu verlieren, denn er entwickelt seine Willenskraft gerade so, als gebrauchte er sie für egoistische Zwecke, und dabei entwickelt er zugleich Liebe. Natürlich ist es schwierig, seine Motive zu ändern, doch wer erkennt, dass der Zweck des menschlichen Lebens die Charakterbildung ist und an Reinkarnation glaubt, wird bald bemerken, dass alle geringeren Motive verblassen und dass er, während er sein Bestes für sich selbst tut, in die weitesten und vorteilhaftesten Beziehungen mit anderen Menschen geführt wird.

Es gibt eine weitere große Gefahr – dass man die persönliche Befriedigung egoistischer Zielsetzungen verfolgt. Der

Gedanke, dass solchem Streben hier Vorschub geleistet werden sollte, ist ein bedauerliches Missverständnis. Es ist das *Ideal,* nicht ein ideales Selbst, auf das der Mensch ansprechen soll. Dies wollen wir am Beispiel eines Studenten der Chemie verdeutlichen. Er ist begierig und strebt nach Wissen über Chemie; er ist nicht ein Ego, das begierig ist, Professor der Chemie zu werden, und dieses Fach nur studiert, um diesen Titel zu erlangen. Oder denken wir an einen Chemielehrer. Sein Ideal ist es, das Wissen weiterzugeben, nicht ein berühmter Lehrer zu sein.

Die sich selbst überhöhende Persönlichkeit ist ein großer Fehler. Man muss sehen und achtgeben, was im eigenen Denken passiert. Dies zu erkennen heißt, den Irrtum abzulegen, welcher trotzdem häufig lange Zeit unerkannt bleibt und das ganze Streben des Menschen vergiftet. Die Frage drängt sich auf, ob die Zuordnung der eigenen Person zu einem bestimmten Strahl diesem Irrtum der sich selbst überhöhenden Persönlichkeit nicht Vorschub leistet. Doch das tut sie nicht. Es handelt sich lediglich um eine Untersuchung und dann um ein besseres Verständnis der eigenen Position im Leben und im Verhältnis zu all den praktischen Aspekten und Angelegenheiten von Körper und Geist. Die Erfüllung der Bestimmung eines Menschenwesens wird durch irgendeine Vernachlässigung praktischer Angelegenheiten nicht gefördert.

Obwohl eine Zuordnung von Berufungen im Leben existiert, darf man die Verknüpfung mit seinem Strahl nicht als einen Aufruf zu einem exklusiven oder separaten Leben verstehen – welches ein unpraktisches Leben wäre, das, konsequent vollzogen, zum psychologischen Selbstmord führen würde. Wir haben kein separates Leben.

Die Strahlen sind keine separaten Leitern, auf denen Menschen, getrennt voneinander, emporklettern. Sie bilden gemeinsam einen Organismus. So mag der Mensch eines bestimmten Strahls sich selbst treu sein, seine jeweiligen Kräfte gebrauchen und arbeiten – nicht um seinen Ehrgeiz zu befriedigen, sondern um anderen gegenüber so aufrichtig wie möglich zu leben und offen zu sein für Korrekturen, die ihm das Karma zuführt. Wie sehende Augen uns den Gebrauch von Händen und Füßen erleichtern und Füße die Hände und Arme durchs Leben tragen, so mag der Wissenschaftler als Ingenieur und Architekt einen Tempel für die Frommen bauen oder ein Künstler das Arbeitszimmer oder den Garten des Philosophen entwerfen und ausstatten.

Auf diesem Pfad hin zum vollendeten Bewusstsein ist es nicht notwendig, aufmerksam auf alle sieben Strahlen zu achten und zu versuchen, sich in jedem von ihnen zu vervollkommnen. Doch der Mensch muss danach streben, sich selbst in dreien zu vervollkommnen – in dem, welcher die Kraft des Willens zum Ausdruck bringt, in dem weiteren, der für die Kraft der Liebe steht, und einem dritten, der die Kraft des Denkens repräsentiert. Wer ein guter Philosoph ist, braucht sich nicht den Kopf darüber zu zerbrechen, wie er ein tüchtiger Wissenschaftler wird; wer eine starke Verbundenheit mit den Künsten des siebten Strahls empfindet, braucht sich nicht eigens anzustrengen, um die Aufgaben des ersten Strahls zu erfüllen. Wer jedoch sein stärkstes Prinzip im Bereich des vierten Strahls entdeckt, mag sich überlegen, ob sein Mangel mehr in Zwei oder Sechs liegt und in Drei oder Fünf als in Eins oder Sieben, denn es gibt eine starke Affinität zwischen den Strahlen eins, vier und sieben, wie auch zwischen zwei und sechs sowie drei und fünf.

Es empfiehlt sich in allen Fällen, mindestens einen der drei Aspekte der Selbstschulung aus der Gruppe der Strahlen eins bis drei zu wählen und einen weiteren aus der Gruppe der Strahlen fünf bis sieben. Diese Verteilung wird zu einer besseren Ausgewogenheit des Charakters führen und davor bewahren, sich innerlich zu sehr von der Welt zu distanzieren – oder zu tief in sie einzutauchen.

Das zweitstärkste Prinzip eines Menschen habe ich als seinen Unterstrahl bezeichnet. Wenn dieses sekundäre Charakteristikum zufällig zu der gleichen Gruppe gehört wie der stärkste Strahl – wie zum Beispiel bei der Kombination von Strahl zwei und Unterstrahl drei, oder bei Strahl fünf und Unterstrahl sieben –, dann besteht eine Tendenz zur Entwicklung eines unausgeglichenen Charakters. In diesem Falle wird der Mensch wohl beraten sein, seine dritte Qualität aus einer anderen Gruppe zu wählen, um an ihr zu arbeiten und bei deren Entfaltung alle Kraft seines Strahles zum Tragen zu bringen.

Bei der Auswahl seiner drei Übungswege sollte niemand seinen Vorlieben Gewalt antun. Die Qualität des dominierenden Strahls sollte die erste Wahl sein. Die zweite Wahl wird wahrscheinlich das sein, was ich als Unterstrahl bezeichnet habe, das zweitstärkste Prinzip. Als drittes sollte man schließlich das Prinzip wählen, das einem von den übrigen Kräften am meisten zusagt, wobei die bereits dargelegten Regeln zur Anwendung gelangen sollen. Wer dann das als drittes gewählte Prinzip stets als seinen schwächsten Punkt betrachtet und seine stärkste Kraft für dessen bewusste Entwicklung nutzt, der braucht sich nicht zu sorgen, auf allerschnellste Weise voranzukommen.

Um am geschwindesten Fortschritte zu machen, ist es auch notwendig, die beiden wichtigen Gesetze zu verstehen, die das Vorankommen jederzeit unterstützen. Wie es zwei höchste Prinzipien in der Welt der Erfahrung gibt – das große aktive Prinzip, Vishnu, und das große passive Prinzip, Brahmâ –, so gibt es zwei große Gesetze, Dharma beziehungsweise Karma genannt, die zu ihnen gehören. Diese beiden Gesetze beeinflussen die Entwicklung des Bewusstseins.

Das Karma-Gesetz wird oft als eine Kraft betrachtet, die jenen Strafen auferlegt, die anderen Schmerz oder Schwierigkeiten zugefügt haben; doch diese Wirkung beschreibt nicht den wahren Charakter des großen Gesetzes. In Wirklichkeit ist dieses ein Programm in der Harmonie der Dinge, das dem Menschen von außen vermittelt, was er vernachlässigt und nicht mit Hilfe seiner Bewusstseinskräfte gelernt hat. Es ist der Weg, auf dem die Natur darauf besteht, dass ein Mensch die Verantwortlichkeiten erfüllt, die er durch die Entwicklung seiner Kräfte erworben hat. Ich möchte hier auf meinen Vergleich mit dem Schachspiel zurückkommen: Angenommen, Sie haben bereits einige Züge hinter sich und eine bestimmte Stellung erreicht. Nun können Sie aus Fairness gegenüber Ihrem Gegner nicht ablehnen, einen weiteren Zug zu machen, nur weil sich das Spiel nicht so entwickelt, wie es Ihnen gefällt, weil Sie sich schläfrig fühlen oder es aufgeben möchten. Sie können sich nicht in Passivität zurückziehen, sondern müssen, um eine Strafe zu vermeiden, das Spiel des Lebens fortsetzen, denn sein Schiedsrichter wird keine unehrenhafte Nachlässigkeit Ihrerseits dulden. Die Welt bestraft Eitelkeit, Egoismus und Gedankenlosigkeit, und keine noch so große Unschuld wird einen Menschen davor bewahren, von einem Kraftfahrzeug überfahren zu werden, wenn er darauf besteht, eine verkehrsreiche Straßenkreuzung mit geschlossenen Augen zu überqueren.

So wirkt das Gesetz in unserer Beziehung zu dieser materiellen Welt, und es ist genau die gleiche Gesetzlichkeit, die auch dazu führt, dass unsere Hand verbrannt wird, wenn wir sie ins Feuer strecken, anstatt von unserer Intelligenz Gebrauch zu machen und unsere Erforschung der Eigenschaften und Wesensart des Feuers auf etwas diskretere Weise durchzuführen. Es kann also keine Passivität geben. Jeder Strebende auf dem geistigen Pfad muss bereit sein, aufmerksam auf das zu achten, was ihm die Welt gerade präsentiert. Er muss glauben, dass es eine Lektion birgt, die speziell für ihn gedacht und für sein weiteres Wachstum notwendig ist. Entweder macht der Mensch in einem aktiven, selbstlosen und bedachten Leben bewussten Gebrauch von seinen Kräften Willen, Liebe und Denken, oder er wird von außen gewaltsam, wenn nötig mit Schmerz, belehrt werden. Emerson formulierte die folgenden Worte:

Jeder Tag bringt ein Schiff,
Jedes Schiff bringt ein Wort;
Wohl für jene, die keine Furcht haben,
Seewärts blicken und gewiss sind:
Das Wort, das mit dem Schiff an Land kommt,
Ist das Wort, das sie zu hören wünschen.

Es ist auch das Wirken dieses Gesetzes, dass der Mensch den Schaden oder Vorteil empfangen wird, den er anderen zugefügt oder gegeben hat; auch dies ist keine Bestrafung, sondern dient nur seiner Erziehung. Wer einen anderen absichtlich verletzen könnte, ist nicht empfänglich für die Gefühle und das Wohl des anderen, und wer so gefühllos ist, bedarf einer intensiven eigenen Erfahrung, um fühlend zu werden. Möglicherweise ist er aus Gedankenlosigkeit töricht gewesen, dann braucht er ebenfalls eine bestimmte Erfahrung, um aufmerksam zu werden. Es gibt nur wenige Menschen, die auch ohne solche Lektionen ihre Torheit bedauern. „Hätte ich meinem Gott nur mit der Hälfte des Eifers gedient, mit dem ich meinem König diente, hätte er mich im Alter nicht schutzlos meinen Feinden überlassen", sagte Thomas Wolsey, und seine Methode zu lernen, war ein recht typischer Fall. Der Kardinal erlitt nicht nur die Hiebe, die er vorher anderen gegeben hatte, sondern erhielt dabei auch einen kleinen Einblick in die Weisheit, erhaschte einen Blick auf das, worauf es im Leben ankommt. Es war keine Schande, dass er es nicht sehen konnte, bis die Welt ihn hart traf, denn so ist der Lauf der Dinge. Der Zweck unserer Inkarnation ist nicht, die Kräfte zu genießen, die wir bereits gewonnen haben, sondern jene zu entwickeln, an denen es noch mangelt; das Karma-Gesetz bietet uns stets die äußeren Umstände im Leben, welche am besten dazu dienen, einen ausgewogenen Charakter zu entwickeln oder wiederherzustellen. Wenn es uns daran hindert, zu tun, was wir wollen, weil wir es schon leicht und gut tun können, so ist es nicht unser Feind, sondern ein Freund, der uns den wahren Weg des Wachstums weist.

Um den größtmöglichen Fortschritt zu erzielen, muss der Mensch also nicht nur willens sein, das Spiel so zu akzeptieren, wie er es auf dem Spielbrett des Lebens findet, und bereit, es mit den Figuren, die ihm zur Verfügung stehen, und von der gegebenen Position aus bis zum Ende zu spielen, sondern er muss dies mit freudiger Akzeptanz und herzlichster Kooperation vollbringen – ohne zu wünschen, das Spiel eines anderen spielen zu können. „Jeder Mensch erreicht die Vollendung", heißt es in der *Bhagavad-Gita,* „indem er sich mit seinem eigenen Karma beschäftigt."

Das zweite wichtige Gesetz, das Dharma-Gesetz, handelt von der Evolution des Bewusstseins – und da gibt es wirklich keine andere Evolution, da die unterschiedlichen Formen der Natur lediglich um das sich entwickelnde Bewusstsein gebaut sind. Das Dharma eines Menschen ist seine Position auf der Leiter der Bewusstseinsentwicklung, und der wichtigste Teil des Gesetzes bewirkt, dass die Kräfte der Liebe, des Willens und des Denkens durch Gebrauch zunehmen und nicht anders. Deshalb ist es klug für jedermann, seine Kräfte einzusetzen – selbst wenn sie unbedeutend sind –, anstatt ihren Einsatz zu scheuen, weil er vielleicht dem Vorbild und Maßstab anderer nicht gerecht werden kann, die man bewundert. Es wird kein Wachstum geben, solange man nur wartet, noch aus dem Versuch, eine Aufgabe zu erfüllen, die seinen Kräfte nicht entspricht. In der *Bhagavad-Gita* lesen wir: „Besser ist das eigene Dharma, sei es auch schimpflich, als das Dharma eines anderen, sei es noch so erfolgreich. Wer das Karma erfüllt, das seine eigene Natur ihm vorlegt, der lädt keine Sünde auf sich."

Es ist ein Aspekt des Karma-Gesetzes – der Beziehung des Menschen zu seiner Umgebung –, dass wer die einem der Strahlen entsprechende Aktivität verfolgt, zugleich die Qualität des korrespondierenden Strahles entwickelt. Wer sich als Künstler in irgendeinem Bereich der Schönheit widmet, entwickelt zugleich den Willen und die Selbstbeherrschung, die den ersten Strahl auszeichnen. Wer dem Pfad der Hingabe folgt, etwa in der Nachfolge Christi, wird in immer weitere Bereiche der Brüderlichkeit unter den Menschen geführt. Wer als Wissenschaftler die Wahrheit verfolgt, wird auch ein philosophisches Element entwickeln. Wer daran geht, eine Arbeit mit größtmöglicher Geschicklichkeit auszuführen – das heißt wer die Arbeit mit seiner Willenskraft unterstützt – der wird geführt werden und Schönheit erleben, weil, wie bereits gesagt, Geschicklichkeit im Handeln immer sowohl schön als auch eine Quelle weiterer Schönheit ist. Wer den Gefühlen von menschlicher Geschwisterlichkeit folgt, mag mit Gefühlen der Kameradschaft beginnen. Am Ende aber wird er auch die Aspekte wertschätzen, in denen andere ihm überlegen sind, die seine Bewunderung auslösen. Der Philosoph, der sich bemüht, die Beziehung des Menschen zur Welt zu verstehen, wird sich im Reich der Wissenschaft wiederfinden.

In der fortschreitenden Entwicklung der Nationen ist dies ebenfalls erkennbar. Die wissenschaftliche Tendenz unserer gegenwärtigen Epoche betritt ständig Bereiche der Philosophie und entfaltet höhere Gedankengänge. Dabei wird die Menschheit große Willenskraft entwickeln und in den Genuss einer äußeren Freiheit gelangen, die jener „erleuchteten Anarchie" den Weg bereiten wird, die noch unmöglich ist, solange die Brüderlichkeit unter den Menschen nicht weit genug entfaltet ist.

Kapitel 21
Stufen der Selbstverwirklichung

„Naheliegend und passend“, sagte Emerson, „ist für uns jener alte Mythos von der Sphinx, die an der Straße lag und den Vorüberkommenden Rätsel aufgab. Wer keine Antwort wusste, den verschlang sie bei lebendigem Leibe. Was ist unser Leben anderes als eine endlose Reihe von geflügelten Fakten oder Ereignissen? In glänzender Vielfalt kommen diese Veränderungen, und alle stellen sie Fragen an den menschlichen Verstand. Wer aber auf diese Fakten oder Fragen der Zeit nicht mit überlegener Weisheit zu antworten vermag, der dient ihnen. Fakten belasten und beschweren die Menschen; sie tyrannisieren sie und machen sie zu Menschen der Routine, zu Menschen des *Verstandes,* deren sklavischer Gehorsam gegenüber Fakten jeden Funken jenes Lichtes ausgelöscht hat, das den Menschen zum wahren Menschen macht. Bleibt er aber seinen besseren Instinkten oder Empfindungen treu und wehrt sich gegen die Beherrschung durch die Fakten wie einer, der von einem höheren Ideal bestimmt ist, hält er fest an seiner Seele und den Blick auf die Prinzipien gerichtet, dann lassen die Fakten von ihm ab. Sie erkennen ihren Beherrscher, und noch das Geringste unter ihnen verherrlicht ihn.“ Auch diese Worte zeigen an, was ich schon vorher gesagt habe – dass der Mensch vom Bewusstsein bestimmt wird. Wenn er bewusst dazu steht, dass er nichts zu fürchten braucht, wird alles für ihn gut gehen. Es ist jedoch wichtig zu erkennen, dass ein Teil dessen, was ein Mensch gewöhnlich für sich selbst hält, tatsächlich nur ein Anteil der äußeren Welt ist. Wir wollen den Menschen betrachten und analysieren.

Zunächst gibt es ein Gefüge von materiellen Körpern – den physischen Körper mit seinen Gefährten auf feinstofflichen Ebenen. Er bietet dem Bewusstsein des Menschen ein begrenzendes Instrumentarium, und so ist der Schritt in die Inkarnation zweifellos ein Vorgang der Konzentration. Der Körper ist mit einer Art von Kamera vergleichbar – wie eine dunkle Kiste. Er präsentiert uns nicht die Welt, wie gemeinhin angenommen wird, sondern er verschließt uns vor der Welt. Die Sinnesorgane unseres Körpers dienen jedoch dazu, seine Funktion der Verdunkelung einigermaßen zu mildern. Sie lassen ein wenig von dem Licht der Welt in unser Bewusstsein dringen, und so entsteht ein sehr klares Bild auf der Mattscheibe des menschlichen Geistes. Das Sehen ist ein Aspekt des Bewusstseins, niemals ein Teil der dunklen Kiste. Das Bewusstsein des Menschen ist offen für die Welt und fähig, sie als Ganzes zu sehen – nur dass es in diese Kamera gestiegen ist, wo der größte Teil seiner Aufmerksamkeit auf einen kleinen Lichtstrahl konzentriert ist. Doch das Bewusstsein, das für die Welt offen ist, hat eine sehr vage und unbestimmte Vorstellung von dem Ganzen. Es ist ein großer, unentwickelter und unbegrenzter menschlicher Geist, der aber klare und brillante Teile in sich trägt, die Ergebnisse jener hellen und lebhaften Erfahrungen, die er durch die Kamera des Körpers erlangt hat.

Eine natürliche Folge ist, dass der verkörperte Mensch *ein Ding nach dem anderen* behandelt. Er entwickelt sich in jenem Körper überhaupt nicht, und auch der Körper entwickelt sich nicht, sondern geht durch eine Reihe von Veränderungen wie durch die Jahreszeiten im Kreislauf der Natur, und jedes Mal verliert er, wie er jedes Mal auch gewinnt. Es ist nicht so, dass der Mensch im mittleren Alter perfekt ist, während das Kind und der alte Mensch unvollkommen sind. Das Kind und der alte Mensch haben ihre eigene Vollkommenheit, die der reife Mensch nicht hat. Wir können dies mit dem Erleben eines Kindes in der Schule vergleichen, das im Laufe des Tages ein halbes Dutzend Unterrichtsstunden in verschiedenen Fächern und mit wechselnden Lehrern in unterschiedlichen Räumen hat. Es ist wahr, dass das Kind morgen wieder in diese Klassenzimmer gehen und in jedem Raum mehr lernen wird als am vorangegangenen Tag. Auch im Bereich des Wissenserwerbes gilt: „Wer da hat, dem wird mehr gegeben", und die Kraft des menschlichen Geistes nimmt von Tag zu Tag zu. Es ist gleichermaßen wahr, dass wir in künftigen Inkarnationen auf unserem Weg durch die Jahreszeiten des Lebens in jedem Bereich weit besser und reicher im Bewusstsein sein werden. In dem Maße, in dem diese Ausdehnung des Wissens und Bewusstseins fortschreitet, wird auch der Wahrnehmungsbereich der Sinnesorgane unseres Körpers zunehmen. Das kräftiger wachsende Bewusstsein wird fähig, immer mehr von der Welt zu erfassen und zu begreifen, bis es schließlich seine Vollendung erreicht und offen ist für die ganze Welt. Nun kann es sehen ohne Augen und hören ohne Ohren.

Doch bis zu jenem großen Tag muss sich jeder verkörperte Mensch damit abfinden, dass es für ihn selbst, als die Person im Körper, kein Weiterkommen und keine Annäherung an die Vollkommenheit gibt. Während er jetzt in einer Klasse etwas lernt, auf das er seine volle Aufmerksamkeit richtet, bleibt weitgehend im Dunkel, was er eine Stunde zuvor in einer anderen Klasse gelernt hat. Seine Aufgabe heißt, von Stunde zu Stunde zu leben und aus jeder Stunde und Lektion das Bestmögliche zu machen. Der eigentliche Zweck seiner Inkarnation ist es, etwas Neues zu erlernen, und alle Aufmerksamkeit seiner Sinne, Gefühle und Gedanken ist darauf konzentriert – und jener Teil seines Wesens, der so engagiert ist, wird deutlich als ein Ding unter anderen gesehen und empfunden. Hierin liegt der Wert des gegenwärtigen Augenblicks, der aktuellen Erfahrung. Aller Vorteil kommt aus der Erkenntnis und Verwirklichung der ursprünglichen Kraft in diesem Augenblick.

Der zweite Punkt bei unserer Analyse ist die Persönlichkeit. Sie ist nicht ein Gefüge von Körpern, sondern etwas, das mit diesen zusammen aufgewachsen ist. Das kleine Kind fühlt, ja denkt und will sogar durch den Körper, hat jedoch zunächst keine „Persönlichkeit", sondern identifiziert sich zunehmend mit der dritten Person und denkt: „Ich bin das." Im Laufe der Jahre und des körperlichen Heranwachsens entsteht so eine sehr bestimmte Wesenheit. Der physische Körper ist auf eine bestimmte Weise trainiert worden und hat eine Reihe von Gewohnheiten erworben. Auch eine Sammlung von Gefühls- und Denkgewohnheiten ist mit ihm verbunden, und all dies zusammen bildet eine bestimmte Persönlichkeit, die auf eine bestimmte Weise auf die Welt reagiert. Sie ist nicht der Mensch selbst, sondern ein Instrument, welches sich für den wirklichen Menschen hält. Der echte Mensch aber ist so in die Rolle vertieft, die er auf der Bühne des Lebens spielt – auf dem kleinen Spielfeld seiner Inkarnations-Konzentration –, dass er nicht innehält und erkennt, dass dies nicht wirklich er selbst ist. So empfängt er auch nicht jene intuitive Eingebung des Willens, die der letzte Schritt zur Selbsterkenntnis ist. Ein wenig Nachdenken und Selbstbetrachtung werden uns enthüllen, dass wir nicht auf dem Wege einer mentalen Beurteilung – der gewohnten Vorgehensweise des denkenden Menschen – zur Selbsterkenntnis gelangen, sondern uns mehr auf dem Weg über andere Menschen finden – mit den Mitteln der Liebe, der zweiten Stufe der Selbsterfahrung), noch mehr aber durch den Charakter und die Führung unseres Willens zu leben (die dritte Stufe), welcher den „Grund" für den „Akt der Konzentration" enthält, der uns in die derzeitige „Inkarnation" geführt hat.

Die Persönlichkeit ist bekannt (oder sollte bekannt sein) als ein Instrument – als etwas Feines, Gutes, Starkes, Reines und Bestimmtes –, und hat sich besonders für einen bestimmten Weg im Leben als nützlich erwiesen, auf dem sie uns kostbare Erfahrung zu erwerben hilft. Doch sie sollte ein Instrument sein, durch welches der Mensch selbst denken, lieben und wollen kann – nicht eines, das nur auf die Gewohnheit eingestellt ist, auf äußere Dinge anzusprechen, sondern das auch für den Menschen im Inneren offen ist.

Diesen Lernprozess möchte ich durch ein Beispiel veranschaulichen. Wenn ein guter Schriftsteller oder Tennisspieler als Rechtshänder die Mühe auf sich nimmt, ebenso gut mit seiner Linken zu schreiben oder den Ball zu schlagen, dann kann dies in verschiedener Hinsicht von Vorteil für ihn sein, wie wir wissen. Stellen wir uns vor, dass eine Persönlichkeit eine sehr lange Zeit in einem Körper lebt, so würden wir meinen, dass eine solche Errungenschaft sich für sie als ein Teil ihrer Vervollkommnung lohnte. Während sie lernte, ihre linke Hand zu gebrauchen, hat sie ihre Konzentrationskraft geübt und auf etwas verzichtet, indem sie für ein anderes Ziel arbeitete. Solches gilt auch für den Weg in der Inkarnation: Der wahre Mensch ist der rechtshändige, geschickte Spieler, doch die Persönlichkeit muss lernen, alle ihre Zeit zu nutzen. Sie soll ihre Zeit nicht damit verbringen, zu genießen oder vorzuzeigen, was sie bereits erlernt und erlangt hat, sondern muss zulassen, dass sie von dem Menschen im Inneren gebraucht wird, um neue, weitere Kräfte zu erwerben. So gesehen, wird jede Art von persönlichem Ehrgeiz (Sanskrit: *sankalpa)* die Aufmerksamkeit für den wirklichen Menschen beinträchtigen.

Wenn der Persönlichkeits-Mensch sich entscheidet, von Augenblick zu Augenblick zu leben und dabei die Arbeit des „inneren" Menschen erfüllt und nach seinen Idealen lebt, ist er jener wahre Mensch. Wenn er sich aber vorstellt, aus eigenem Verdienst etwas zu sein und die Idee entwickelt, noch mehr zu werden, ist ihm Kummer gewiss. Er braucht dazu keine Gier zu haben, nicht einmal nach Wissen. Diese Form des Prunkes erhebt sie nicht selbst, noch erbaut sie die Betrachter. Entsprechendes gilt auch für die Persönlichkeit, die danach strebt, ein wandelndes Konversationslexikon zu sein. Was die Persönlichkeit braucht, sind solche Reichtümer und Wissensschätze, die sie in die Lage versetzen, genau die Art von Arbeit auszuführen, für die sie auf der Welt ist.

Was man bei einem hübschen Hund, einer Katze, einem Pferd oder einem anderen Geschöpf sieht, ist so etwas wie ein Ideal für die Persönlichkeit – ohne Auswüchse und Ausschmückungen, die an einem anderen Ort durchaus in Ordnung und angebracht sein mögen, ja in der Tat auch schön sein können.

Das dritte Element in unserer Analyse kann man als sich selbst überhöhende Persönlichkeit bezeichnen. Wenn das Bewusstsein im Menschen so tief in jene Persönlichkeit untergetaucht wurde, dass es denkt: „Ich bin dies“ und dabei alles andere ausschließt, dann reißt die Persönlichkeit den Thron des Selbst im Inneren an sich, und das Leben wird im Hinblick auf eine lange Dauer sowie auf körperliche, emotionelle und gedankliche Bequemlichkeiten und Gewohnheiten gelebt. Dabei verhungert der Mensch der Ideale, der wahre Mensch, für den Rest dieser Inkarnation. Die Persönlichkeit ist eine gute Sache, doch die sich selbst überhöhende Persönlichkeit ist der größte Fluch.

Der vierte Punkt bei unserer Analyse ist der bewusste Mensch, dessen wahre Motivation im Leben die Aktivität im Sinne eines der Strahlen ist, die ich beschrieben habe – im Erleben eines der Ideale. In dem Maße, in dem er die sich selbst überhöhende Persönlichkeit zerstören kann, während er seine wahre Persönlichkeit kräftig erhält, wird sein Leben in der Verkörperung fruchtbar sein. Jeder Mensch prüfe sich selbst. Solange er von seinem Ideal erfüllt ist, ist alles gut, doch wenn er in die sich selbst überhöhende Persönlichkeit abfällt, ist er verloren. Wer sich prüft, der möge sich nicht nur fragen, was seinen Geist beschäftigt, während er denkt, sondern vor allem, was ihn beschäftigt, wenn er nicht denkt. Durch ausdauerndes, geduldiges Üben und Läutern wird es ihm gelingen, in seiner Persönlichkeit solche wesentlichen Gewohnheiten im Fühlen und Denken aufzubauen, dass sie auch in der Ruhe viel mehr nach innen als nach außen offen sein wird und ihr Interesse Idealen gilt, nicht nur persönlichen Dingen.

Das Pronomen, das dem Menschen auf dieser Stufe entspricht, ist „du". Er kann nicht mehr als irgendein objektives Ding gelten. Um gekannt zu sein, muss er als Leben gefühlt werden – von sich selbst nicht weniger als von anderen, denn man kann ihn auf keine andere Weise kennen. Hier sind die gesammelten Früchte der Anstrengungen der Persönlichkeit zu finden. Hier ist etwas, das sich in ihrer Kraft entfaltet. So kann sie in ihrer Inkarnation in einer Handvoll (Willen, Liebe oder Denken) eine Fülle von Dingen erfassen, die sie in einer früheren Inkarnation nur mit Mühe, eines nach dem anderen, aufzunehmen vermochte. Ebenso kann es in einem Akt des Seins viel mehr zum Ausdruck bringen als zuvor. Dieses „du" bleibt durch alle materiellen Veränderungen hindurch das gleiche Bewusstsein. Ein materieller Gegenstand kann sich aufgrund seiner räumlichen Begrenzung nicht verändern und doch das Gleiche bleiben, aber dieses bewusste „du" kann über eine Reihe von Veränderungen hinweg bleiben, durch die ihr Denken, Fühlen und Wollen eine immer größere Reichweite erlangen und immer größere Teile der materiellen Welt erfassen lernen.

Gleichwohl ist auch dieses Bewusstsein nicht das „Ich". Ich muss lernen, es als „du" zu kennen, als eines von den vielen „Dus", die Teile des großen aktiven Prinzips sind. Über dich hinaus bin ich, das *adhyâtman,*[22] und das Ich, welches mich durch all die Bewegungen des Bewusstseins in der Zeit eins macht, ist immer bei Shiva. Halten Sie nicht Ihr derzeitiges Bewusstsein für Ihr wirkliches Leben. Es ist nur eine Begrenzung, es ist nur eine Hülle des menschlichen Geistes – das Ich steht darüber. Aus diesem Grunde sagten einige der alten Philosophen, dass Ich und Gott ein und dasselbe sind – und doch sagten sie „neti, neti", das heißt „nicht so, nicht so", wann immer ein Vorschlag geäußert wurde, jenen Gott oder das Ich in Begriffen der materiellen Welt oder gar in Begriffen von Bewusstsein zu beschreiben. Selbst

[22] das höchste Selbst (Anm.d.Ü.)

die Person, die nicht zwischen ihrem Körper und ihrem Bewusstsein unterschieden hat, ist bewusst – so auch der, der nicht weiß, dass er weiß, dass ich immer noch ich *ist,* selbst inmitten des Bewusstseins, welches er irrtümlich für sich selbst hält. Dieses Ich ist das Gleiche durch alle Zeiten, die das sich wandelnde Bewusstsein sieht und erlebt. Jenes Ich ohne das Bewusstsein zu sein, ist (für den, der noch kein *mahâtman*[23] ist) echter Schlaf, nämlich jener tiefe Schlaf, aus dem man frohlockend erwacht, da man unbeschreibliche Seligkeit erlebte. Was aber für andere Schlafen bedeutet, ist für den *mahâtman* Wachen.

Aufmerksame Menschen mögen aus dem Nachdenken über folgende Gedankengänge etwas Einblick gewinnen. Wenn sie ihren eigenen Körper und die Körper anderer Menschen betrachten, bezeichnen sie jeden dieser Körper als „es". Wenn sie den Blick auf das Bewusstsein in einer anderen Person richten, können sie es „du" nennen. Wenn sie aber das Bewusstsein in sich selbst meinen, sagen sie „ich". Warum sollte man das Gleiche mit zwei verschiedenen Pronomen bezeichnen? Manche begehen den Fehler, zu denken, dass sie „ich" sagen sollten, um das Bewusstsein in einer anderen Person zu beschreiben. Das ist die Illusion des höheren Selbst. Sie müssen lernen, „du" zu sagen, wenn sie auf das Bewusstsein in sich selbst sehen, wie sie es auch tun, wenn sie das Bewusstsein in anderen meinen. Dann bleibt das „Ich" unbefleckt durch den Kontakt mit der dualen Welt, und der Mensch bleibt ein *mahâtman.* In diesem Sinne gebrauchte Shankarâchârya das „Du" von Gautama Buddha.

Wer diese Wahrheit erfasst oder sie erkannt hat, wird beim Rückblick auf seine menschliche Laufbahn sehen, dass die Persönlichkeit und der Körper ein Teil der materiellen Welt gewesen sind. Sie waren ein Teil der bewussten Welt, ein Anteil von etwas, das nicht ihr wahres Selbst war. Hier war die Ernte zu finden, die auf das Säen folgte, das innerhalb

[23] das große Selbst, die große Seele (Anm.d.Ü.)

der Grenzen der Persönlichkeit stattgefunden hat. Jede neue Errungenschaft brachte eine Erweiterung des Bewusstseins und wurde so als Teil des universellen Bewusstseins kompetenter, als es vorher war. In diesem waren Sie ein Teil von Vishnu, wie Sie in der Persönlichkeit ein Teil von Brahmâ waren. Doch auch wenn die Ausdehnung Ihres Bewusstseins noch so groß wurde, war dies noch nicht das Ende.

Über alle sieben Strahlen mag sich das Bewusstsein am Ende ausdehnen als Frucht der Erfahrungen in der Welt Brahmâs, so weit wie die Immanenz Vishnus sich in jene Welt ausdehnt dank der freundlichen Dienste von Mâyâ. Alle Saaten und Ernten, die im Laufe der Inkarnationen stattgefunden haben, waren in diesem Bereich. So geht es weiter, bis die Beziehung der Persönlichkeit zu der Welt, die sie umgibt, harmonisch geworden ist. Es gibt die Fähigkeit, die Angelegenheiten innerhalb der eigenen, relativen Sphäre zu verstehen und mit ihnen umzugehen; es gibt Zuneigung und Geschwisterlichkeit zu anderen Leben, denen man begegnen mag, und es gibt das Ansprechen auf Impulse, das in dem Willen zu leben begründet ist, einem Willen, die Einzelheiten nacheinander anzunehmen und nicht nach den primitiven Diktaten von Freude und Schmerz zu leben. Freude ist das Zeichen von Mäßigung und Ordnung, und Freude ist am besten in Mäßigung und in der Ordnung. Schmerz ist das Gleiche, jedoch im Übermaß oder fehl am Platz. Freude und Schmerz sind wie zwei Enden eines Stabes – die Mitte ist Freude, und beide Extreme sind Schmerz. Wenn er nicht von ihnen bewegt ist, sondern durch Verständnis, Liebe und Gesetz, Ordnung oder Eignung motiviert ist, hat der Geist des Menschen seine Reife erlangt. Wie der Aktionsradius relativ ist, so ist es auch die Reife. Sie ist nicht weitreichend oder groß. Ihr Erreichen kennzeichnet Qualität, nicht Quantität. Man erreicht diese Reife auf seinem eigenen Weg. Auf diesem Weg erlebt der menschliche Geist hin und wieder, dass er von oben bestrahlt wird. Nun ist er Diener, nicht Herr.

Ein Philosoph schrieb über die Erleuchtung, die ihm zuteil wurde, wie von einem weisen Seher in seinem Inneren: „Ich habe es niemals gelehrt, was sie mich lehrte. Ich handele nur recht, wenn ich gehorche.“ Diesen Weg hat er als in allen Angelegenheiten absolut zuverlässig erfahren. Er erkannte die Erleuchtung als ein nach innen gerichtetes Licht, nicht als eine besondere Fähigkeit, und stellte fest, dass ihre Präsenz Frieden, Glauben und Kraft in alle Fähigkeiten ausstrahlte. Keine Worte der Beschreibung könnten zutreffend sein, denn die Erleuchtung ist etwas Neues, oder zumindest etwas neu Erfahrenes und Akzeptiertes. Wir können nur in Symbolen und Bildern sprechen und sagen, dass Körper und Geist – der Brahmâ und Vishnu der Inkarnation – sich in der Gegenwart Shivas, im Lichtpfeiler, gefunden haben. Beide haben ihre Arbeit erfüllt und sind zur Kooperation gelangt, damit ist die Verheißung in Erfüllung gegangen. Nennen Sie es Freiheit, Unabhängigkeit, Einheit, Nirvana, die Freude des Herren oder den Kern des Paradoxes des Ideals. Dasjenige in uns, das „ich“ sagt und sich selbst nicht benennt, ist nach Hause gekommen. Buddha lehrte einst:

Wenn jemand sagt, Nirvana bedeute ein Aufhören,
so sage zu ihm, dass er lügt.
Wenn jemand sagt, Nirvana bedeute zu leben,
so sage zu ihm, dass er irrt,
da er dies nicht weiß,
noch welches Licht durch seine zerbrochene
Lampen scheint,
noch leblose, zeitlose Seligkeit kennt.

Glossar

der wichtigsten Sanskrit-Wörter in diesem Buch

ânanda Seligkeit; der Zustand des wirklichen Lebens
ananta endlose Zeit; Basis des Bewusstseins
âtma das *ichchhâ* im Menschen
Bhagavad-Gita der „Gesang des Erhabenen", eine religiöse und philosophische Abhandlung, die im hinduistischen Raum weit verbreitet ist.
Bhakti-Yoga Vereinigung mit dem Göttlichen durch Hingabe an Gott; der Yoga der liebevollen Hingabe
Brahmâ der dritte Aspekt der göttlichen Dreieinigkeit, der persönliche Gott, die Welt der Dinge
brahman Gott, das Absolute; einschließlich des wirklichen Lebens, des Bewusstseins und der Dinge, die göttliche Dreieinigkeit
buddhi das *jnâna* im Menschen. Direktes Wissen vom Leben, daher Liebe
chit Bewusstsein
deva göttliches Wesen jeden Grades; von innen Leuchtendes, Strahlendes; Vishnu ist der höchste *deva,* die Matrix aller *devas.*
dharma die Position einer Seele auf der Entwicklungsleiter; das Gesetz ihrer Entfaltung, Pflicht gegenüber sich selbst und der Gesellschaft
ichchhâ der Wille im Bewusstsein. Seine aktive Form ist Willen, seine rezeptive Form das Bewusstsein des Bewusstseins.
karma Arbeit; Tätigkeit mit Absicht. Auch das Gesetz der Reaktion oder Interaktion

Krishna der große spirituelle Lehrer in der *Bhagavad-Gita,* eine Inkarnation Vishnus

kriyâ die Aktivität des Bewusstseins. Seine aktive Form ist Denken, seine rezeptive Form das Bewusstsein der Dinge.

kriyâ-shakti Handlungskraft. Die mysteriöse Kraft des Denkens, die so aktiviert wird, dass man aufgrund der ihr inhärenten Energie äußerlich wahrnehmbare phänomenale Resultate erzeugen kann

Lakshmi Wohlstand, Erfolg; Name der Göttin des Reichtums, des Glücks und der Schönheit. Gattin des Vishnu. Besonders verbunden mit dem sechsten Strahl.

manas das *kriyâ* im Menschen, die Gedankenkraft. Das Geistprinzip. Es entzweit sich, wenn es sich in der Konstitution des Menschen manifestiert; daher unterscheidet man ein höheres *manas* von einem niederen.

mâyâ unser Leben, ein Ersatz für das wirkliche Leben, die Welt der Beziehungen zwischen *chit* und *sat.* Das, was gemessen werden kann; in der Philosophie das, was Veränderungen durch Verfall und Differenzierung unterworfen ist, daher trügerische Welt, Illusion.

rajas die Energie-Bestandteile der Welt der Dinge. Eine der drei *gunas* (charakteristischen Eigenschaften): die der Aktivität

sannyâsi ein Weltentsager, ein Mönch; einer, der bewusst der *mâyâ* entsagt.

sat das Sein; der Charakter von Brahmâs Welt. Die eine, allgegenwärtige Realität in der unendlichen Welt; die göttliche Existenz, die zwar existiert, von der man aber nicht sagen kann, dass sie existiert, weil sie als die Absolutheit selbst angesehen wird; das Sein an sich.

sattva Gesetz und Ordnung in der Welt der Dinge. Manchmal auch für *manas* gebraucht. Essenz, Wesen; in Verbindung mit den *gunas* oder Qualitäten bezeichnet *sattva* die Qualität des Guten, Wahren.

Shiva der erste Aspekt der Dreieinigkeit; wirkliches Leben *svayam-bhû* aus sich selbst existierend; ein metaphysischer Begriff, der etwas spontan Selbsterzeugtes bedeutet und auch für das *brahman* verwendet wird.

tamas der Materie-Bestandteil der Welt der Dinge. Die Qualität der Trägheit in Verbindung mit den *trigunas,* den drei Qualitäten.

vijnâna Wissen, Bewusstsein, Intelligenz

Vishnu der zweite Aspekt der Dreieinigkeit. Die Welt des Bewusstseins; die erhaltende Kraft des Universums, der Bewahrer

Yoga Vereinigung mit dem Göttlichen sowie das Mittel zu dieser Vereinigung

Der Kausalkörper

Pbk., 371 Seiten
ISBN 3-89427-245-7

Es ist allgemein bekannt, dass der Mensch nicht nur aus seinem physischen Körper besteht, sondern darüber hinaus noch höhere Aspekte oder Wesensglieder besitzt. Die esoterische Literatur nennt neben der leiblichen Hülle den Ätherkörper, den Astralkörper, den Mentalkörper und den Kausalkörper, die sich mit der eigentlichen Seele und dem Geist zur Siebenheit ergänzen. Die verschiedenen esoterischen Fachbereiche haben in den letzten Jahrzehnten einiges an Literatur hervorgebracht, die über das Wirken der einzelnen Wesensglieder berichtete. So etwa über die Bedeutung des Ätherkörpers für die Gesundheit, über die Aussendung des Astralkörpers bei so genannten Astralreisen oder auch bei Nah-Tod-Erfahrungen oder über die Bedeutung von positivem Denken auf den Mentalkörper. Trotz vieler Veröffentlichungen fehlte bisher eine Gesamtdarstellung, die klar und deutlich die Funktionsweise und Aufgabenbereiche der einzelnen höheren Körper des Menschen erklärte. Der vorliegende vierte Band befasst sich mit dem Kausalkörper und seinen Kräften, der sich, anders als die drei niedrigeren Körper, nach dem Tod nicht auflöst, sondern zu den unsterblichen Aspekten des Menschen gehört. Weiterhin steht die Entstehung des Lebens im Vordergrund, die Erschaffung der ersten Monaden und die Wege des Menschen in die Ewigkeit, nachdem der physische und die vergänglichen feinstofflichen Körper abgelegt wurden.
Die vier Bände von A.E. Powell über die höheren Körper sind ein unentbehrlicher Ratgeber zum Verständnis des Menschen!

DIE FEINSTOFFLICHEN KÖRPER DES MENSCHEN

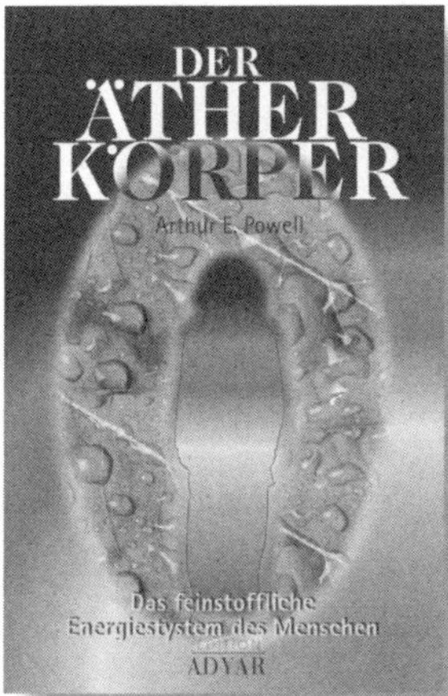

Der Ätherkörper
ISBN 3-89427-180-9
Pbk., 160 Seiten

Der Astralkörper
ISBN 3-89427-224-4
Pbk., 300 Seiten

Der Mentalkörper
ISBN 3-89427-234-1
Pbk., 380 Seiten